中国能源革命进展报告

能源供给革命

（2022）

国务院发展研究中心资源与环境政策研究所　编著

北　京
冶　金　工　业　出　版　社
2022

图书在版编目(CIP)数据

中国能源革命进展报告：能源供给革命．2022／国务院发展研究中心资源与环境政策研究所编著．—北京：冶金工业出版社，2022. 9
ISBN 978-7-5024-9256-4

Ⅰ. ①中…　Ⅱ. ①国…　Ⅲ. ①能源发展—研究报告—中国—2022
Ⅳ. ①F426. 2

中国版本图书馆 CIP 数据核字(2022)第 147673 号

中国能源革命进展报告　能源供给革命（2022）

出版发行	冶金工业出版社	**电　　话**	(010)64027926
地　　址	北京市东城区嵩祝院北巷 39 号	**邮　　编**	100009
网　　址	www. mip1953. com	**电子信箱**	service@ mip1953. com

责任编辑　曾　媛　刘小峰　美术编辑　彭子赫　版式设计　彭子赫
责任校对　李　娜　责任印制　禹　蕊
北京捷迅佳彩印刷有限公司印刷
2022 年 9 月第 1 版，2022 年 9 月第 1 次印刷
787mm×1092mm　1/16；13. 75 印张；206 千字
定价 100. 00 元

投稿电话　(010)64027932　投稿信箱　tougao@cnmip. com. cn
营销中心电话　(010)64044283
冶金工业出版社天猫旗舰店　yjgycbs. tmall. com
（本书如有印装质量问题，本社营销中心负责退换）

《中国能源革命进展报告　能源供给革命(2022)》
编　委　会

主　　任：

隆国强

副 主 任：

高世楫　郝　芳　郭焦锋

顾　　问（按姓氏笔画排序）：

马永生　于俊崇　毛景文　刘　合　江　亿　汤广福
孙友宏　孙丽丽　杜祥琬　李　阳　邹才能　宋永华
武　强　金之钧　周孝信　郝　芳　贺克斌　贾承造
高德利　郭旭升　黄小卫　康红普　韩英铎　谢和平

委　　员（按姓氏笔画排序）：

马君华　王　婕　王正新　王世朋　王彦哲　史大譞
白　洋　冯　阔　延　星　任世华　孙福友　李泳禧
李继峰　杨　雷　吴鼎文　张　绚　周　鹏　周宇昊
郑德志　赵风云　胡　浩　思　娜　宫　昊　宫　敬
徐双庆　黄文瑞　韩　雪

总协调人：

郭焦锋

编写单位：

国务院发展研究中心资源与环境政策研究所

支持单位：

清华大学能源互联网创新研究院
华为技术有限公司
煤炭科学研究总院
北京大学能源研究院
澳门大学
中国石油大学（华东）
浙江财经大学
无锡学院
华电电力科学研究院有限公司
中国电力技术市场协会

翻　　译：

郭晓晖　宋云峰

前　言

能源是现代社会的基础，发展能源产业是实现国家现代化的有力支撑。推动能源绿色低碳转型和高质量发展，是落实“碳达峰碳中和”目标的主战场，也是走中国式现代化道路的重要内容。党的十八大以来，面对错综复杂的国际国内形势，以习近平同志为核心的党中央高瞻远瞩、审时度势，提出和实施“四个革命、一个合作”能源安全新战略，作出推进碳达峰碳中和的重大战略决策，明确了建设能源强国新目标，为新发展阶段中国能源绿色低碳转型指明了发展方向。

“四个革命、一个合作”五点要求，是新时代中国能源安全新战略的核心思想。2014 年 6 月，习近平主席在主持召开的中央财经领导小组第六次会议上，强调能源安全是关系国家经济社会发展的全局性、战略性问题，提出了推动能源消费革命、能源供给革命、能源技术革命、能源体制革命和全方位加强国际合作的五点要求，为保障国家能源安全提供了根本遵循。其中推动能源供给革命，建立多元供应体系，是中国能源革命的重要方面，更是中国能源安全新战略的关键着力点。立足国内多元供应保安全，必须大力推进煤炭清洁高效利用，着力发展非煤能源，形成煤、油、气、核、新能源、可再生能源多轮驱动的能源供应体系，同步加强能源输配网络和储备设施建设。

推动能源革命在供给侧发力至关重要，这也正是习近平主席强调供给侧结构性改革的重要意义所在。“供给侧结构性改革，说到底最终目的是满足需求，主攻方向是提高供给质量，根本途径是深化改革。”能源供给革命，是实现中国能源革命的基础，有什么样的能源供给，就决定了有什么样的能源消费。只有能源供给做到清洁低碳、更低排放，终端能源消费方能实现绿色经济；只有能源供给做到多元协同、更有韧性，终端能源消费方能实现安全高效。“四个革命、一个合作”能源安全新战略是具有内在联系的集合体。消费革命是关键，消费是生产的目的和动力，消费对供给结构调整、供给方式变革具有重要的牵引和导向作用。技术革命是动力，无论是化石能源的清洁高效开发利用，还是非化石能源大规模推广，都必须依靠科技创新来驱动。体制革命是保障，能源供给、消费、技术发生根本性变革，必须以相适应的体制为“土壤”，坚持以推进能源供给侧结构性改革为主线，构建与能源先进生产力发展水平相适应的生产关系。同时，必须深化高水平开放，全面加强国际能源合作，大幅提升中国在能源资源领域的话语权和把控力，这是中国现代化的需要，也是推动构建更加公平、更加包容的全球能源治理体系的需要。这五个“革命”相互贯通、相互促进，要统一贯彻，不能顾此失彼，也不能相互替代。哪一个“革命”贯彻不到位，中国能源革命进程都会受到影响。

能源安全新战略提出以来，中国能源供给革命在绿色低碳发展道路上迈入新征程。能源生产能力继续扩大，生产结构持续优化；供应基地建设继续推进，清洁低碳化水平持续提升；智能化程度继续提高，终端供应灵活性持续增加；输配储运能力继续上升，安全保供韧性持续增强。持续深化能源供给侧结构性改革，按照“巩固、增强、提升、畅通”八字方针要求，扎实推进去产能、补短板，加快可再生能源发展步伐，清洁低碳能源得到大规模开发利用，正逐步取代传统煤炭资源在能源体系中的主导地位。“十三五”时期以来，中国能源综合自给率保持在80%以上；2021年，中国原煤、原油、天然气产量和发电量分别达到41.3亿吨、1.99亿吨、2076亿立方米和8.5万亿千瓦时，一次能源生产总量达43.3亿吨标准煤；中国非化石能源累计装机达到11.2亿千瓦，较2015年增长117%；天然气、水电、核电、风电、太阳能发电等清洁能源消费量合计占能源消费总量的25.5%，比2015年提高了7.5个百分点。

展望未来，能源安全新战略将催生中国能源供应事业结出新硕果。能源安全供应能力继续提升，能源高质量发展持续迈进，推动中国逐步从能源大国迈向能源强国。不断夯实能源安全生产基础，着力推进油气管道保护，强化电力安全监管，安全发展水平将进一步提高。大力提升油气勘探开发力度，加快推进天然气产供储销体系建设，强化储备设施建设，提升管网互联互通增供能力，油气自主保障水平将明显提高。加强能源供应保障和安全生产，统筹利用好国际国内两个市场、两种资源，既坚持立足国内，把国内能源供应作为保障能源安全的主渠道；又加强国际合作，深化与周边国家或区域能源合作，着力构建多元能源供应体系，实现开放条件下的国家能源安全。

为此，国务院发展研究中心组织业内的一批资深专家学者，遵循习近平主席的一系列重要讲话和指示批示精神，针对能源安全新战略思想发布以来，全国各部门、各地区、科研机构、高等院校、行业协会、重点企业等相关机构推动能源供给革命的实践探索及取得的进展进行系统梳理和总结，立足新发展阶段，分析能源供给“多元化、清洁化、低碳化、全球化”等转型发展路径及发展前景，以期更好地服务于中国“双碳”目标，为中国力争2030年前二氧化碳排放达峰和能源行业“十四五”谋新篇提供强力支撑。

目　　录

一、中国能源供给革命成效

“十三五”时期以来，中国坚定不移推进能源供给革命，能源供给侧结构性改革成效显著，能源多元供应体系基本建立。能源生产能力不断扩大、能源结构不断优化，供应基地建设持续推进、清洁低碳化水平明显提高，智能化得到长足发展、终端能源供应灵活性不断增加，输配储运能力稳步提升、安全保供韧性持续增强。煤炭开发布局继续优化，智能绿色开发和清洁利用水平不断提高，已建成全球最大的清洁煤电供应体系。油气投资力度进一步加大，陆续取得一些创新突破，初步确立了国内“增储上产”态势，进口来源多元化格局基本形成，“减油增化”结构调整效果显现，主要石化产品产量稳步增加，产供储销体系建设成效良好。非化石能源进入快速发展阶段，能源生产逐步向集中式与分布式并举转变，能源系统形态加速变革，分散化、扁平化、“一体化”的趋势特征凸显。能源储运系统建设取得了长足进展，油气管网设施建设进入第三次快速发展阶段，油气“全国一张网”初步建成，油气输配能力大幅提升；全国电力输配网络进一步完善，跨区跨省输电规模持续增加，供电可靠性不断增强。储能体系多元化、多层次、多模式并重发展，抽水蓄能建设提速，电化学等新型储能开始进入商业化发展阶段，应急调峰能力明显提升，有力保障了能源系统绿色低碳转型发展和供应安全。

（一）多元生产体系建设稳步推进，能源供应保障能力总体稳定

1. 形成多轮驱动能源生产体系，供应保障能力总体保持平稳

中国能源饭碗始终牢牢端在自己的手上。中国煤炭资源丰富，始终是保障国家能源安全的重要组成部分。2015 年以来，煤炭行业坚持落实供给侧结构性改革战略要求，持续淘汰落后产能近 10 亿吨；近两年面对复杂国

际环境和能源安全保障压力不断上升的局面，煤炭行业坚持“立足国情、控制总量、兜住底线，有序减量替代”的原则，稳步释放5亿吨先进产能，“一减一增”实现转型升级的同时，有效提高了能源安全保障的硬实力。油气行业从保安全的大局出发，客观认识国内资源品质不断劣化的现实条件，克服“十三五”时期国际油价低迷等造成的投资困难问题，积极开展“七年行动计划”，大力提升油气勘探开发力度，成功实现增储上产，油气国内保障水平总体平稳；石油炼化行业着力实施减少油品、增加化工产品生产的“减油增化”，到2021年石油炼化能力达到9.1亿吨/年，较2015年增长15%左右。电力行业勇于担当推进能源安全新战略的主力军重任，电力供应能力持续增强，2021年底累计发电装机容量23.8亿千瓦，较2015年增长56%。能源生产能力不断提升，综合自给率保持高位稳定。2021年中国原煤、原油、天然气和发电量分别达到41.3亿吨、1.99亿吨、2076亿立方米和8.5万亿千瓦时，较2015年分别提高10.2%、-7.4%、54.2%和46.8%，一次能源生产总量达43.3亿吨标准煤。“十三五”时期以来，中国能源综合自给率年均值约81%，2021年为82.6%。同时，中国持续增强能源进口多元化保障能力。2021年中国进口原油、天然气、煤炭分别为5.13亿吨、1680亿立方米和3.2亿吨。能源进口来源呈现多元化，2021年石油进口来源国达到50个，天然气进口来源国近30个。

中国能源绿色低碳转型进入新阶段。“十三五”时期以来，坚持“先立后破”原则，中国持续加快清洁能源发展取得显著成效。天然气、水电、核电、风电、太阳能发电等清洁能源消费量合计占能源消费总量的25.5%，比2015年提高了7.5个百分点。2021年全国非化石能源发电量2.89万亿千瓦时，居全球首位，较2015年增长85%、年均增速11.7%，非化石能源发电量占全国总发电量的34.5%。风电、太阳能发电、生物质发电量均创历史新高，2021年发电量分别达6526亿千瓦时、3259亿千瓦时和1637亿千瓦时；水电、核电发电量分别为13401亿千瓦时和4075亿千瓦时。2021年全国全口径非化石能源发电装机容量突破11.0亿千瓦，历史上首次超过煤电，较2015年增长117%。其中水电装机容量近4.0亿千瓦，风电、太阳能发电装机容量分别突破3.0亿千瓦，核电装机容量突破5000万千瓦，生物质发电装机容量近4000万千瓦。

2. 能源基础设施不断完善，运行安全水平得到提升

能源大基地生产格局初步形成。加强各类能源资源规模化开采和就地转换，不断优化“西供东用”格局，拥有先进技术、产业链条完备的一系列能源基地已初步成型。“十三五”时期以来，《能源发展战略行动计划（2014—2020年）》得到有效落实，煤炭领域陆续建设了晋北、晋中、晋东、神东、陕北、黄陇、宁东、鲁西、两淮、云贵、冀中、河南、蒙东、新疆等14个亿吨级大型煤炭基地；重点建设锡林郭勒、鄂尔多斯、晋北、晋中、晋东、陕北、哈密、准东、宁东等9个千万千瓦级大型煤电基地，以及内蒙古鄂尔多斯、陕西榆林、宁夏宁东、新疆准东四处现代煤化工产业示范区。重点在四川、云南和贵州等地布局水电，形成西南水电基地；重点在西北、华北、东北地区建设风电基地和光伏基地；集中在辽宁、山东、江苏、浙江、福建、广东等沿海地区发展核电基地。重点在松辽盆地、鄂尔多斯盆地、塔里木盆地、四川盆地等建设陆上油气基地，在渤海和南海建设海上油气基地；陆续在大连长兴岛、河北曹妃甸、江苏连云港、上海漕泾、浙江宁波、福建古雷和广东惠州建设石化基地。与此同时，东中部能源需求负荷集中地区，在沿海地区建立海上风电基地，积极创新风电、光伏发电、生物质等分布式能源发展模式，逐步形成“能从远方来”与“能从身边来”并存局面。

输送通道与储备建设取得实效。持续推进“北煤南运、西电东送、北油南下、西气东输”等一系列能源输送重点工程建设。建成大秦、朔黄、张唐、瓦日和浩吉五大煤炭铁路运输通道，其中前四条铁路运能合计达12亿吨，均直达东部沿海港口（秦皇岛港、黄骅港、曹妃甸港、日照港），并通过海运送至东南沿海的煤炭主要消费省份。浩吉铁路打通了内蒙古、陕西煤炭直接南下华中地区的输送通道，有效增强了湖南、湖北等省份煤炭保供能力。“西电东送”是中国在21世纪初提出的跨区送电大布局，主要包括“南、中、北”三条输电大通道。“十三五”时期以来，随着特高压输电通道等重点工程相继建成投运，电力主干网架安全保障韧性不断提升，截至2021年全国共建成投运33条自西向东、自北向南的特高压线路。煤炭、石油、天然气储备能力明显增强。煤炭库存有效保障了高峰期用煤

需求，截至2021年煤炭库存总量约2.3亿吨，其中全国煤炭企业存煤约5800万吨、电厂存煤约1.7亿吨。油气储备能力稳步提升，高效做好生产运行调度，基本形成了以国家石油战略储备、企业商业储备、地下储气库和沿海液化天然气（LNG）接收站储罐为主，其他调峰方式为补充的油气综合调峰体系，在调节季节峰谷差、满足用油用气高峰需求、保障重点地区供应等方面发挥重要作用，原油、成品油供应充足稳定，天然气供需总体平稳。另外，大力推动抽水蓄能电站开发建设，鼓励发展新型储能设施。

3. 集中式与分布式并举的能源供应态势渐显，终端多元供应方式不断丰富

能源系统形态日益丰富与多元化。能源系统形态分散化、扁平化、“一体化”的趋势特征日益明显。分布式能源快速发展，能源供应逐步向集中式与分布式并重转变，系统形态由大基地大网络为主开始向与微电网、智能微网融合发展转变。工业绿色微电网建设开始试点示范。2017年以来能源主管部门确定了24个并网型、4个独立型共28个新能源微电网示范项目。部分工业绿色微电网项目结合“能源互联网”“增量配电业务改革”“智能光伏”“源网荷储一体化”“零碳产业园区”等其他目标进行了试点，其中近一半的项目在工业厂区或园区实施，并配有一定规模的零碳电源。电动汽车充电网络等新型基础设施建设取得一定成效。中国已建成全球最大的充换电网络，互联互通和技术水平稳步提高。2021年，全国充电桩保有量达261.7万台，较2015年4.9万台增长了52倍；换电站保有量1298座，较2020年增长130%。

数字化与储能多样化赋能能源绿色低碳转型。移动互联网、大数据、云计算、人工智能（AI）等现代信息技术（IT）加快与能源产业深度融合，能源系统智能化升级进程加快。智慧电厂、智能电网、智能油气田、智慧炼厂、智能矿山、机器人勘探开采等技术开始推广应用，无人值守、少人值班、故障诊断等能源生产运行技术信息化智能化水平持续提升。工业园区、城镇社区、公共建筑、公共交通等领域综合能源服务和智慧用能模式涌现，能源系统向智能灵活调节、供需实时互动、产销者一体方向发展。新型储能较快发展，电化学储能、压缩空气储能、重力储能、氢储能、

冰蓄冷等储能方式逐渐成熟，支持以适应高比例可再生能源发展的新型电力系统建设，能源绿色低碳转型路线和发展模式趋于多元化。

（二）清洁高效利用水平逐步提升，煤炭兜底保障作用继续发挥

1. 供给侧结构性改革加快，供给保障能力持续增强

煤炭资源查明储量与生产规模逐步增加。“十三五”时期，中国煤炭资源查明储量稳步提高，从 2015 年的 1.56 万亿吨增至 2020 年的约 1.72 万亿吨①。2015—2021 年累计生产煤炭约 263 亿吨，占中国一次能源生产总量的 70%左右。自 2016 年以来，煤炭有效供给能力稳步提升，2021 年煤炭产量达到 41.3 亿吨。

煤炭产能结构和开发布局进一步优化。截至 2021 年，全国煤矿数量减至低于 4500 处。年产 120 万吨以上的大型煤矿产量合计占全国的 85%左右。其中建成年产千万吨级煤矿 72 处，产能合计 11.24 亿吨/年；在建千万吨级煤矿 24 处，设计产能合计约 3.0 亿吨/年；年产 30 万吨以下小型煤矿产能合计占全国的比重降至 2%。煤炭生产重心加快向晋陕蒙新集中，产业集中度进一步提高。2021 年四省（区）煤炭产量合计 33.0 亿吨，占全国的 79.9%；中国前八家大型煤炭企业煤炭产量合计 20.26 亿吨，占全国的 49.1%。其中亿吨级以上企业共 6 家，煤炭产量合计 18.4 亿吨，占全国的 44.6%。煤电一体化程度进一步提高，截至 2021 年，煤炭企业参股控股电厂权益装机容量超过 3.4 亿千瓦，占全国燃煤电力装机的 30.6%。

2. 智能绿色开发加速实施，先进产能比重逐步提高

绿色矿山建设取得明显成效。充填开采、保水开采、煤与瓦斯共采、无煤柱开采等绿色开发技术在部分矿区得到推广应用。2021 年全国原煤入洗率 71.7%，比 2015 年提高 5.8 个百分点。矿井水综合利用率、煤矸石综

① 自然资源部发布的《2020 年全国矿产资源储量统计表》显示，截至 2020 年中国煤炭经济可采保有储量为 1622.88 亿吨。

合利用处置率、土地复垦率分别达到79%、73%和57.5%，比2015年分别提高11.5、8.8和9.5个百分点。大型煤炭企业原煤生产综合能耗、综合电耗分别为10.4千克标准煤/吨和20.7千瓦时/吨。废弃矿井资源综合开发利用取得积极进展，煤矸石及低热值煤综合利用发电装机规模达到4300万千瓦，比2015年增加1000万千瓦。已建成一批国家级和省级绿色矿山，截至2021年，共有282处煤矿入选全国绿色矿山名录库。

煤矿智能化建设步伐加快。第五代移动通信技术（5G）、人工智能、大数据、云计算等现代信息技术在煤炭生产领域不断推广应用。“煤智云”大数据行业平台启动建设，矿山鸿蒙操作系统在煤炭生产中示范应用，行业首个第五代移动通信技术+超宽带（5G+UWB）信号全覆盖矿井系统建成。智能化选煤厂建设取得重要进展，自主研发的选煤厂国产化分散控制系统（DCS）已成功应用。初步统计结果显示，目前全国近400处煤矿正在开展智能化建设，已建成智能化采掘工作面813个，其中国家首批示范建设煤矿智能化采煤工作面135个、智能化掘进工作面109个。2021年大型煤炭企业采煤机械化程度超过98%，原煤生产人员效率接近8.8吨/工，比2015年提高3个百分点；煤矿百万吨死亡率降至0.044，同比下降24%，比近十年来年均降幅提高1.5个百分点，提效增安的效果日益显现，为煤炭增产保供和行业高质量发展提供了强有力支撑。

3. 煤炭运输体系不断健全，横纵运输能力明显提升

铁路成为煤炭运输网络的主骨架。形成了覆盖煤炭主产区、以铁路煤炭外运通道为主骨架的煤炭运输网络。“十三五”时期，铁路煤炭发运量由19亿吨增加到23.6亿吨，占铁路货物发运量的比重一直保持在50%以上。山西、陕西、内蒙古三省（区）已成为中国煤炭的主要生产区和调出区。2020年，三省（区）原煤产量约27.85亿吨，占全国原煤产量的71.4%。煤炭铁路发出量约20亿吨，占全国煤炭铁路总发运量的84.7%。其中，以大秦、朔黄、京原、丰沙大和集通线等为主的北通路约承担三省（区）煤炭铁路发运量的55%；以石太、邯长、太焦及和邢线为主的中通路约承担15%；以太焦、侯月、西康、宁西和陇海线为主的南通路约承担20%；以焦柳、京九、京广、浩吉、包西线为主的纵向通路约承担10%。

水路运输是仅次于铁路的煤炭运输主要通道。经过多年建设，煤炭水路运输能力进一步增强。“十三五”时期，秦皇岛港、唐山港、天津港、黄骅港四大港口依然居北方下水港主体地位，占全国沿海港口煤炭下水量的90%以上。2020年，全国沿海港口完成煤炭一次下水量约8亿吨，“津冀四港”完成煤炭一次下水量7.14亿吨，占全国沿海港口煤炭下水量的90.3%；全国港口完成煤炭吞吐量（含长江南京以下港口）达到25.56亿吨，其中环渤海、长三角和珠三角三大区域完成煤炭吞吐量合计占总吞吐量的92%。“十三五”时期以来，煤炭“海进江”运输已成为长江中游地区煤炭供应的重要路径。2020年，长江干线完成煤炭吞吐量约6.6亿吨。其中，“海进江”煤炭调入量约4亿吨，占长江干线全部煤炭吞吐量的60%以上。公路运输作为铁路和水路运输的补充，主要承担产煤地及周边省份煤炭短途运输，或与铁路、港口形成煤炭集疏运输。

4. 清洁利用水平继续增进，清洁转化规模稳步增加

煤电清洁改造规模不断扩大。煤电是保障中国电力系统安全的有力支撑。2021年，煤电装机容量110901万千瓦、占全部发电装机容量的46.7%，与2015相比，占比下降12个百分点；煤电发电量50270亿千瓦时、占全国发电量的60.0%，与2015年相比，占比下降近14个百分点。燃煤电厂清洁改造持续推进，节能减排效果明显。已建成全球最大的清洁煤电供应体系，达到超低排放限值的煤电机组约10.3亿千瓦，占全国煤电总装机容量的93.0%。供电煤耗逐年降低，全国6000千瓦及以上火电厂供电标准煤耗305.5克/千瓦时，比2015年下降9.9克/千瓦时。全国在运的160台百万千瓦超超临界燃煤发电机组，平均供电标准煤耗约280克/千瓦时。建成世界首台成功运用二次再热技术的百万千瓦超超临界燃煤发电机组，实现供电标准煤耗266克/千瓦时。烟尘、二氧化硫和氮氧化物排放控制水平逐步提高，单位火电发电烟尘、二氧化硫、氮氧化物排放量分别为22毫克/千瓦时、101毫克/千瓦时和152毫克/千瓦时，比2015年分别下降67、73和45个百分点。

煤炭清洁转化示范工程建设取得进展。煤直接液化、煤间接液化等成套关键技术具有自主知识产权，工业示范工程实现了安全、稳定、长期满

负荷运行，成为保障中国能源供应安全的重要战略途径。研发建成了世界首套百万吨级煤直接液化示范装置，实现长周期稳定运行；已建成全球单体规模最大的400万吨/年煤间接液化项目，整体技术居于世界领先水平。截至2021年，全国煤制油产能已达931万吨/年，以间接液化为主；建成了世界首套60万吨/年煤制烯烃工业化生产装置，煤制烯烃产能达到1672万吨/年；煤制气、煤（合成气）制乙二醇产能分别达到61.25亿立方米/年和675万吨/年。

（三）产业链条不断补链延链强链，石油石化安全保障作用显现

1. 石油增储上产稳步推进，多元资源来源保障供应

有效举措确保石油稳产。“十三五”时期以来，油气行业全面深化供给侧结构性改革，逐步完善资源多元供应体系。主要石油企业着力推动高效勘探，高质量实施“七年行动计划”，持续提升油气勘探开发力度，加快推进国家油气基础设施重点工程建设；切实加强科技攻关，油气勘探开发理论和技术取得了突破性创新；加大新区新领域风险勘探力度，积极寻找油气新发现，突出中西部大盆地集中勘探和富油气凹陷精细勘探，积极探索页岩油气，加快非常规资源发展。“十三五”时期，石油剩余技术可采储量稳步增长，从2015年的35亿吨增至2020年的36.19亿吨，增长3.4%。新增探明石油地质储量50亿吨，累计探明石油地质储量达到420亿吨。石油产量走出“V”字形发展态势，从2015年超过2.1亿吨，降到2018年最低1.9亿吨，随后实现连续3年回升，2021年石油产量1.99亿吨，其中页岩油产量240万吨。海洋油气勘探向深层、深水、高温、高压领域拓展，在渤海活动断裂控藏领域，莺—琼盆地高温、高压领域取得突破，其中渤海油田2021年石油产量超过3000万吨，成为中国第一大石油生产基地。

全球投资布局与合作勘探开发油气。中国主要石油企业积极寻求海外规模优质可快速动用储量，大力实施风险勘探和精细勘探的部署策略。组建国内技术支撑团队，并与国际研究机构建立合作关系，积极开展技术交

流；针对深海项目“超深水、规模大、投资大、非作业者”的特点，创新小股东深水业务合作模式，构建联合管理、联合决策、联合保障、联合审计和成果共享五大机制，创建“双作业者”合作模式；发挥中方技术优势、有效行使股东权力、保障投资权益。合作开发巴西深水、圭亚那、英国北海3个10亿吨级超大型油田；在非洲乍得、中亚阿姆河、南美安第斯发现5个亿吨级规模油气区带；在缅甸若开深水、尼日尔、苏丹、滨里海、阿联酋、加拿大等地合作发现6个千万吨级规模油气区。“十三五”时期，海外累计新增可采储量超过27亿吨，中方份额油储量超过7亿吨，桶油发现成本维持在2美元左右。

2. 天然气供给增长迅速，多元渠道供应明显增多

以页岩气为主力的储量产量不断增长。天然气新增探明地质储量多年连续增长，“十三五”时期，年均增长率达23%。2016年天然气新增探明地质储量不足7300亿立方米，2020年达到1.29万亿立方米。重点盆地和区域勘探获得重大发现，探明塔里木盆地库车博孜—大北坳陷、准噶尔盆地南缘深层2个万亿立方米级规模储量区；靖边、苏里格、安岳、延安、川西、米脂、东胜等气田新增探明地质储量超过千亿立方米。渤海湾盆地潜山、琼东南盆地深水区、珠江口盆地阳江凹陷及惠州凹陷的渤中19-6亿吨级大型整装凝析气田、渤中13-2气田和惠州26-6等千亿立方米级规模气田实现了海洋油气勘探的重大突破。同时，低渗透、中深层等领域的低品位、难动用资源利用情况不断好转。2015年国内天然气产量1350亿立方米，2020年增至1925亿立方米，2021年突破2000亿立方米大关，达到2076亿立方米。页岩气勘探开发取得跨越式发展。2015年中国累计探明页岩气地质储量5441亿立方米，剩余可采储量1302亿立方米。“十三五”时期，全国页岩气新增探明地质储量1.46万亿立方米，探明川南万亿立方米页岩气田，发现和建设涪陵、长宁、威远、威荣和太阳等新增探明地质储量超过千亿立方米的主产区，建成北美之外最大的页岩气田。2015年全国页岩气产量仅46亿立方米，2020年产量增至200亿立方米以上，2021年达到231亿立方米。国内煤层气储量、产量保持小幅稳定增长。南海海域两轮天然气水合物试采均获得成功。

保持进口稳定同时供给结构不断优化。天然气供应已形成常规和非常规国产气、陆上进口管道气、海上进口 LNG 等多气源互济和“西气东输、北气南下、海气登陆、就近供应”的基本格局，以及地下储气库、LNG 接收站两大主力调峰方式。天然气进口量逐年增长，供应保障能力大幅提升。2015 年总进口气量 614 亿立方米，其中管道气进口量 356 亿立方米，主要来自土库曼斯坦、缅甸、乌兹别克斯坦等国。LNG 进口量 258 亿立方米，其中以长期协议方式为主，进口主要来自卡塔尔、澳大利亚、印度尼西亚、马来西亚和巴布亚新几内亚等国；以现货进口方式为辅，主要来自也门、阿尔及利亚等国。“十三五”时期年均增速 18%，2020 年总进口气量增至 1404 亿立方米。其中管道气进口量 477 亿立方米，占进口比重从 58%下降至 34%，LNG 占比从 42%升至 66%，成为主要增量气源。2021 年进口管道气供应增速加快，接近 23%，进口量为 591 亿立方米；LNG 达到 1089 亿立方米，同比增长 18%以上。天然气进口来源国增加到近 30 个，进口管道气形成中亚、中缅、中俄多渠道保障，LNG 长协合同以外的现货比例提高到 40.5%，基本建立起多元化进口格局。

3. 石化生产规模再上台阶，结构优化工作稳步推进

提高炼油化工能力同时优化结构布局。“十三五”时期，中国炼油能力持续较快增长，年均增长 2350 万吨。全国炼油总能力由 2015 年的 7.9 亿吨/年升至 2020 年的 8.9 亿吨/年，2021 年达到 9.1 亿吨/年。新建千万吨级炼厂 4 个，升级 2 个，改扩建 2 个。2021 年全国千万吨级炼厂共有 34 家，合计炼油能力 4.88 亿吨/年，占全国总能力的 53.6%。当前中国炼油能力已赶上美国，规模化、基地化、园区化建设和炼厂结构调整加快，已形成环渤海湾、长三角、珠三角三大炼化集群。同时，石化行业的产业布局、集中度及产品结构进一步优化，同步淘汰落后产能与兴建大型一体化石化工程。2015—2020 年累计淘汰落后产能 1.1 亿吨/年。2020 年，环渤海湾、长三角、珠三角三大炼化产业集群合计炼油能力 6.33 亿吨/年，占炼油总能力的 71.5%；乙烯能力 2105.5 万吨/年，占乙烯总能力的 59.8%；2021 年合计炼油能力 6.59 亿吨/年，占全国炼油总能力的 72.3%；合计乙烯生产能力 2705.5 万吨/年，占全国乙烯生产总能力的 61.9%。西南地区

炼化能力占比也从 2015 年的 1. 52%升至 2020 年的 2. 82%。当前，绝大部分石油和化工产品均实现国产化，成品油、氯碱、化肥、农药等领域的产品结构得到进一步优化。“减油增化”趋势加速，增产润滑油、航煤、燃料油、沥青等产品，逐步化解成品油过剩问题，车用、船用油品质量完全达到欧美等发达国家标准；有机化学品、合成材料及化工新材料、精细化学品的增速明显高于无机和基础化工产品。

民营企业石化能力建设快速增长。全国石化生产能力不断提高，2021 年新增乙烯产能 690 万吨/年，新增丙烯产能 512 万吨/年，新增丁二烯产能 50 万吨/年，新增规模均创 2000 年来新高。民营企业逐步崛起，形成了国有企业、民营企业、外资企业等多元化主体参与的石化竞争格局。大型民营企业是“化工为主、炼油为辅”的先进产能增长主力之一。“十三五”时期，独立炼厂积极转型，民营企业主动淘汰落后产能共计近 7000 万吨，其中山东省近两年累计淘汰落后产能 2050 万吨，集中力量建设裕龙岛炼化一体化项目。2021 年民营企业炼油总能力升至 2. 70 亿吨/年，占全国的 29. 6%，已建成 2 座千万吨级炼厂，合计炼油能力 6000 万吨/年；浙江石化以 4000 万吨/年能力成为目前中国第一、全球第五大炼厂；浙江石化、卫星化学、古雷炼化等大型项目均于 2021 年实现当年投产。民营企业的乙烯总产能自 2015 年（135 万吨/年）以来取得较快增长，占全国产能比重增至 2021 年的 10%以上。恒力石化成为国内单线乙烯产能最大企业，拥有全球单体规模最大的 150 万吨/年的乙烯项目，以及全球最大精对苯二甲酸（PTA）生产线，并在建全球最大的功能性纤维生产基地；盛虹炼化拥有国内单套原油加工能力最大炼化一体化项目，其常减压蒸馏装置、蜡油加氢裂化装置、连续重整装置国内规模总量最大，同时是全国最大的碳纤维原丝——丙烯腈厂家，并拥有全球规模最大的单系列对二甲苯（PX）装置。

（四）开发利用布局加快拓展优化，非化石能源成为发展主方向

1. 非化石能源开发利用规模显著提高，逐步改善能源生产结构

非化石能源装机容量稳步增加。受政策和需求强劲拉动，非化石能源

消费总量由 2015 年的 5.2 亿吨标准煤增至 2021 年的 8.7 亿吨标准煤，年均增长 9%，消费占比由 2015 年的 12%提升至 2021 年的 16.6%，增长了 4.6 个百分点。得益于非化石能源电力的快速发展，在 2021 年的非化石能源消费中，电力消费占比为 99%。同时，非化石能源发电装机容量持续增长。2021 年，全国非化石能源新增装机 1.37 亿千瓦，占全国新增装机的 78%；可再生能源新增装机 1.34 亿千瓦，占全国新增装机的 76.1%。中国水电、核电、陆上风电及海上风电、光伏发电等多种电源的新增装机位居全球第一。截至 2021 年，中国非化石能源累计装机达到 11.2 亿千瓦，占全部装机容量的 47%；特别是可再生能源装机规模突破 10 亿千瓦大关，达到 10.63 亿千瓦，占全部装机容量的 44.8%。其中，水电累计装机 3.91 亿千瓦（含抽水蓄能 3639 万千瓦），风电累计装机 3.28 亿千瓦，光伏发电累计装机 3.06 亿千瓦，生物质发电累计装机 3798 万千瓦，核电累计装机 5326 万千瓦。风电和光伏发电装机均首次突破 3 亿千瓦，海上风电装机跃居世界第一。

非化石能源发电量持续增长。2021 年，全国非化石能源发电量达到 2.89 万亿千瓦时，占全部发电量的 34.5%，同比提高 0.7 个百分点。可再生能源发电量达到 2.48 万亿千瓦时，占全部发电量的 29.7%，其中水电 13401 亿千瓦时，占比 16.0%；风电、光伏发电、生物质发电、核电发电量分别为 6526 亿千瓦时、3259 亿千瓦时、1637 亿千瓦时和 4075 亿千瓦时，占比分别达到 7.8%、3.9%、2.0%和 4.9%。2021 年，全国主要流域水能利用率约为 97.9%，风电平均利用率为 96.9%，光伏发电平均利用率为 98%。非化石能源开发利用方式不断创新，新场景、新业态不断涌现。集中式与分布式并举，风电、光伏发电开发与农业种植和养殖、治沙、生态修复等实现了较好的融合。已建成甘肃酒泉、内蒙古锡林郭勒、青海海南和青海海西等多个千万千瓦级清洁能源基地。截至 2021 年，分布式光伏装机规模突破 1 亿千瓦，2021 年的分布式光伏新增装机占当年光伏发电新增总装机容量的一半以上。“光伏羊”“光伏治沙”“光伏扶贫”“风电下乡”等融合发展的新模式将能源开发利用与经济活动、人民生活更紧密地联系在一起，非化石能源还广泛在煤矿沉陷区、油气井区、公共建筑和商业楼宇等场景拓展，“风光水火储一体化”、“虚拟电厂”、聚合商等新业态得到了更广泛的推广。

2. 水电、核电开发持续推进，装机容量和发电量均大幅增加

水电装机容量和发电量增长明显。在白鹤滩水电站 8 台机组和两河口水电站 5 台机组投产发电等大型水电工程投产带动下，2021 年全国新增水电并网容量达到 2349 万千瓦（含抽水蓄能 525 万千瓦），自 2015 年以来水电投产创出新高。在过去 6 年间，全国水电装机容量增加了 7138 万千瓦，白鹤滩、乌东德等水电站陆续并网，初步建成了黄河上游、长江上游、乌江、大渡河、雅砻江、南盘江红水河六大水电基地，“西电东送”规模进一步扩大。同时，核准开工的大型水电工程、抽水蓄能电站规模均超过了 3000 万千瓦，澜沧江、雅鲁藏布江等流域正逐步布局新一批水电项目。同时，水力发电的灵活性得到一定提升，与电站周边的光伏发电、风电、燃气发电等协同发展涌现出新的模式。全国主要流域水能利用率由 2015 年的不足 95%提升至 2021 年的 97. 9%。

核电规模继续保持较快增长。截至 2021 年，中国在运核电机组 53 台，累计装机容量 5326 万千瓦；在建核电机组 16 台，装机容量 1750 万千瓦，连续 15 年位居世界首位。核电多元化应用场景不断拓宽，二代和三代压水堆、重水堆、高温气冷堆、海陆小型堆、快堆、池式低温供热堆等国际上常用的核能项目不断落地。国家电投“暖核一号”海阳 450 万平方米核能供热示范项目建设投运，使海阳成为中国首个“零碳”供暖城市。

3. 风电、光伏发电规模分别位列世界第一，发电成本持续降低

风电开发持续保持较快发展。2015 年以来，随着风电技术的不断成熟和成本下降，中国风电新增装机规模持续扩大，由 2015 年当年新增不足 2000 万千瓦提升至 2021 年的近 5000 万千瓦。6 年间，陆上风电的初始投资成本由 9000 元/千瓦左右降至 5000 元/千瓦左右。风电累计装机容量增加了 1. 5 倍，由 2015 年的 1. 29 亿千瓦增至 2021 年的 3. 28 亿千瓦；风电

年发电量增加了2.5倍，由2015年的1863亿千瓦时增至2021年的6526亿千瓦时。海上风电实现了从示范到商业化的跨越式发展，装机容量于2021年超越英国，成为世界第一。2021年海上风电新增装机容量达到1690万千瓦，累计并网容量达到2639万千瓦；全国风电平均利用率达到96.9%，较2015年提高了近12个百分点。

光伏发电新增装机屡创新高。2021年光伏新增装机规模达到5297万千瓦，连续9年位居全球第一；截至2021年，累计装机达到3.06亿千瓦，连续7年排名世界首位。2015—2021年的6年间，光伏发电的初始投资成本下降了约60%。在技术经济性不断提升的推动下，分布式光伏开发规模稳步提升。2021年，分布式光伏新增装机容量达到2928万千瓦，首次超过集中式光伏电站的新增装机；分布式光伏累计装机突破1亿千瓦大关，达到1.08亿千瓦。2021年的全国光伏发电量达到3259亿千瓦时，较2015年增加了7.3倍，占全部发电量的比重由2015年的0.7%增至2021年的3.9%。2021年，全国光伏发电利用率为98%，较2015年提升了10.6个百分点。

4. 其他非化石能源有序发展，多元化水平逐步提升

生物质发电仍是生物质能的主要商品化开发利用方式。2021年，生物质发电实现新增装机808万千瓦，其中农林生物质发电新增装机215万千瓦，垃圾发电新增装机580万千瓦，沼气发电新增装机13万千瓦。截至2021年，生物质发电累计装机达到3798万千瓦，其中农林生物质发电、垃圾发电、沼气发电累计装机分别为1559万千瓦、2129万千瓦和111万千瓦。2021年全国生物质发电量达到1637亿千瓦时，较2015年增加了2.1倍。生物质成型燃料、生物液体燃料等利用方式的规模也在逐步扩大，由2015年的800万吨和290万吨分别增至2021年的2000万吨和400万吨，生物质甲烷利用水平总体保持在100亿方以上。

地热能年开发利用总量连续多年位居世界第一。2021年，地热能直接利用的装机容量为4061万千瓦，供暖制冷面积达14亿平方米，占全球地热能利用总量的40%。随着热泵技术的成熟，地热能高效开发利用实现跨

越式发展。热泵成为满足北方地区冬季清洁取暖和长江中下游地区冷热双供需求的重要途径之一。北京城市副中心、河北雄安新区、陕西西咸新区、山西太原等地已建设形成了一批规模化应用示范项目，地热也成为了北京大兴国际机场等地标性建筑供暖制冷的主要能源供应品种。除以上能源开发利用方式外，绿氢产业链各环节都在稳步推进，潮汐能、温差能的开发利用也在积极探索，技术装备水平均取得了许多新突破，非化石能源呈现出多元快速发展的良好局面。

（五）储备设施建设进一步补短板，全国能源输配网络效应初显

1. 油气“全国一张网”初步建成，各类产品输配能力明显提升

“西油东进、北油南下、沿海内送、周边辐射”的原油成品油管道布局基本成型。原油总体流向基本稳定。截至 2021 年，长输原油管道里程 3. 13 万公里。“十三五”时期，中国原油管道主要建设了中俄原油管道二线、中缅原油管道、仪征—长岭原油管道复线、铁岭—大连原油管道复线等项目，干线管网里程增加超过 3300 公里；开工建设日照—濮阳—洛阳原油管道和董家口至东营原油管道；东北和海上原油进口通道进一步完善。同时配合浙江石化、中科广东炼化一体化项目、恒力石化、中国海油惠州炼化二期等炼化项目投产，原油码头装卸能力进一步提升。成品油总体流向更加稳固。截至 2021 年，长输成品油管道里程 2. 91 万公里。“十三五”时期，新建管道里程达 8342 公里。中国成品油管道主要建设了云南成品油管道、钦南柳成品油管道（钦州—南宁—柳州）、南疆—唐山成品油管道武清支线、贵渝成品油管道（贵州—重庆）、内江—简阳成品油管道、百色—昆明成品油管道、浙赣成品油管道（宁波—樟树）联络线、绍兴—萧山成品油管道、甬台温成品油管道（宁波—台州—温州）、湛江—北海成品油管道等项目，华北、华中、华南地区的管网布局进一步完善，互联互通能力得到加强。

“西气东输、北气南下、海气登陆、就近供应”的天然气“全国一张

网”初步建成。截至 2021 年，长输天然气管道里程 11.6 万公里，中国天然气主干管网已覆盖除西藏以外的所有省份。西气东输管网、陕京管网、川气东送管网、涩宁兰线实现了将天然气从塔里木、霍尔果斯、柴达木、长庆、川渝等主要气源地输送至京津冀、长三角、珠三角等主要消费市场。“十三五”时期，四大天然气进口通道进一步完善，中东部地区干线管网输气能力显著提升。中国天然气管道主要建设了西气东输天然气管道三线工程（简称西三线）霍尔果斯—中卫段和吉安—福州段、西三线中卫—靖边联络线、中俄东线天然气管道黑河—长岭段和长岭—永清段、陕京四线天然气管道、鄂安沧输气管道一期、西三线闽粤支干线增城—潮州段、青岛—南京输气管道、深圳 LNG 外输管道、文昌—琼海—三亚输气管道等干线项目。同时，干线间的联络线近两年来加速建设，如中靖线联通了西三线与陕京管网、冀宁线联通了陕京二线与西气东输管网等，全国天然气管网互联互通程度进一步提升。另外，全国城市燃气管网总里程约 105 万公里，用气人口超过 4 亿人；LNG 接收站总接收能力达到 9130 万吨/年。

2. 全国电力输配网络逐步完善，大容量远距离输电能力不断增强

电网建设规模进一步扩大。电网建设规模持续增加，跨区跨省输电通道工程建设持续推进，区域电网网架不断完善，华北、华东特高压主网架已经建成，华中、东北、西北主网架不断优化，西南川渝藏形成独立同步电网。至 2021 年底，中国共建成投运 33 条特高压线路，其中，15 条交流特高压，18 条直流特高压。220 千伏及以上输电线路回路长度共 84 万千米，其中交流线路 79.6 万千米，直流线路 4.7 万千米。2021 年中国特高压线路跨区域送电量占全社会用电量的 7.6%，截至 2021 年底，累计送电已超过 2.5 万亿千瓦时。电网在新能源大规模接入和交直流混联电网安全运行方面不断提升，电网调度智能化程度加强，确保电网持续安全经济运行水平逐渐提升。变电能力持续提升。“十三五”时期，高电压等级的换流站、变电站建设取得显著成效。截至 2021 年，中国 110 千伏以上变电站超过 7000 座，其中新建变电站和重点枢纽变电站进行智能化建设和改造超过 5000 座，全国电网 220 千伏及以上变电设备容量共 49.3 亿千伏安，其

中交流变电设备容量44.6亿千伏安，直流变电容量4.7亿千伏安，1000千伏变电设备容量1.7亿千伏安。中国电网已成为全球并网装机规模最大、电压等级最高、输送能力最强的电网。

配电网规模不断增加同时网架结构进一步增强。“十三五”时期以来，配电网向高可靠性、互动友好、经济高效的一流现代配电网方向发展，城市配网网架结构逐步完善，灵活高效和智能化程度继续提升，重点城市配电网加快建设，主要指标达到国际先进水平。农村实现户户通电，解决了农村低电压、西部地区县域电网“孤网运行”和与主网联系薄弱等问题。全国电力可靠性指标继续保持较高水平，2021年全国供电系统用户平均供电可靠率达99.872%，实现配电网可观可测。同时，配电网形态从单一供电向分布式广泛接入的方向转变，配网侧对分布式电源接入和用电需求多样化的适应性进一步增强，智能配用电、微电网、分布式供能技术、综合能源等应用不断加大，配电网智能化水平不断提升。

3. 能源储备设施短板加快补齐，安全保障能力持续加强

多层次油气储备体系初步形成。油气田、管网、LNG接收站、用户等各环节和各主体协同保供能力进一步提升。国家石油战略储备库建设加快推进，商业储备达到一定规模，基本形成国家石油储备、资源储备、替代能源储备、技术储备“四位一体”的石油战略储备体系。储气设施建设步伐加快，调峰能力短板明显改善。初步形成了以地下储气库和沿海LNG接收站储罐为主，其他调峰方式为补充的综合调峰体系。“十三五”时期，全国已建成地下储气库（群）总工作气量共新增89亿立方米，增幅160%。截至2021年，已建成储气库30多座，库容规模达540亿立方米，调峰能力约150亿立方米，地下储气库工作气量达171亿立方米。大港、华北、呼图壁、相国寺、金坛等已建储气库（群）持续扩容改造，辽宁雷61、河南中原卫11、白9、文13西、四川普光清溪、山东胜利永21等7座储气库相继建成投产；全国LNG接收站共建有储罐87座，储备能力达到1273.7万立方米，其中“十三五”时期共新增566万立方米，增幅113%。

储能对中国能源转型的支撑作用初步显现。中国抽水蓄能较快发展，

截至2021年已投产电站总规模达到4000万千瓦，约占全国水电装机规模的10%；在建抽水蓄能电站总规模超过5000万千瓦，已建和在建规模均居世界首位。建成目前世界装机容量最大的抽水蓄能电站，抽水蓄能电站机组制造自主化水平明显提高，在600米水头段及以下大容量、高转速抽水蓄能机组自主研制上已达到国际先进水平。“十三五”时期以来，中国新型储能实现由研发示范向商业化初期过渡，截至2021年，新型储能累计装机超过400万千瓦，基本形成新型储能产业链，研发实力和产品竞争力明显提高。储能产品国内外市场占有率不断提升，百兆瓦压缩空气储能取得里程碑式的发展，进入到大规模集成示范阶段，兆瓦级飞轮储能等机械储能技术取得示范和工程应用，氢储能、储冷（热）等技术取得重要进展。“新能源+储能”、常规火电配置储能、智能微电网等应用场景不断涌现，商业模式逐步拓展，国家和地方层面政策机制不断完善，有力推动传统能源系统向新型能源系统转型。

二、中国能源供给革命展望

2021年9月中共中央国务院发布《关于完整准确全面贯彻新发展理念做好碳达峰碳中和工作意见》（中发〔2021〕36号文），明确提出实现碳达峰碳中和目标，要以能源绿色低碳发展为关键。研究表明到2030年，中国能源需求总量有望达到并稳定在60亿吨标准煤左右，较当前需求还要增长20%；用能品质还将不断提升，电气化率有望较2020年提高5个百分点以上；清洁低碳化水平显著提升，能源利用碳排放在2030年前达峰，此后稳中有降。实现能源绿色低碳发展，需要大力建设清洁低碳、安全高效的能源体系。一方面，仍要重视传统能源安全保障，立足国情，加大煤炭资源精细勘查，大力推进煤矿智能化开采和煤炭清洁高效利用，推动煤电向基础性保障和系统调节性电源转变，切实发挥煤炭兜底保障作用，特别是仍要高度重视油气供应安全保障，有效应对国际油气资源与石化产品市场变化。另一方面，非化石能源替代化石能源的规模还将进一步扩大，分布式与集中式融合发展加速推进，需要持续投资建设适用于新型电力系统的智能电网，全力推动建设智慧互联大型油气管网，加快发展储能产业链，着力应对能源系统运行安全和新能源矿产全球供应安全保障的新压力。把握好能源绿色低碳转型节奏，统筹碳减排与能源安全保障是重中之重。

（一）多措并举加强补短板固底板，全面提升能源安全保障水平

1. 保持国内化石能源稳定供给，不断夯实国产资源基础

积极探索建立煤炭稳价保供模式。为适应能源绿色低碳转型大方向，煤炭领域既要顺应碳达峰碳中和大局、应退尽退，也要避免安全供应风险，把握节奏，维护市场价格稳定。在实现碳达峰碳中和目标的大趋势下，全社会已形成了逐渐去煤的长远预期，市场价格对煤炭需求的影响将逐渐减

弱，需求价格弹性将逐渐降低。这样的市场环境下，煤炭担当能源安全保供角色，应承担确保价格稳定在合理水平和足量供应的双重任务。在市场煤、合同煤等现有运行模式的基础上，需加快探索稳价保供的新运行模式，如推动具有较强灵活性和调节性的煤炭“柔性”供应模式。

加大内陆及海上油气勘探开发。油气领域应继续贯彻落实“七年行动计划”，稳步推进国内油气资源勘探开发，巩固石油产量，逐步提升天然气产量，把油气饭碗牢牢端在自己手里。有效推进有资质的国有企业、民营企业、外资企业、外国企业参与深海油气及非常规油气勘探开发利用。推动全球资本参与南海油气和西部低品位资源勘探开发。鼓励社会资本进入油气储运环节，增强油气产业链保供韧性。支持创新新型煤基化工技术和示范推广应用，对已列入国家规划的煤制油气及烯烃项目尽快推进落地。

2. 稳步推进新型电力系统建设，增强能源运行安全保障能力

源网荷储多环节发力建设新型电力系统。在用电环节，为适应电量和负荷需求较快增长的大趋势，应加紧探索利用分布式智能微电网等新模式和虚拟电厂等新技术，推动终端用户向“产销者”转变。在电网环节，充分提升中国电网大范围和双向资源配置的能力，增强交直流远距离输电、区域互联、主网与微网互动能力，提升电力调度的全网协同和智能决策水平，提高电力系统的韧性。在发电环节，统筹推进新能源较快发展与煤电保供角色转换。稳步推进新能源大基地建设，大力发展分布式可再生电源，集中式与分布式并举发展新能源电源，不断提升电力系统的清洁低碳化程度。兼顾当前保供要求和未来转为调峰电源的客观趋势，因地制宜选择煤电和气电新建机组类型，持续推动已有火电机组的灵活性等“三改造”。在确保安全的前提下积极有序发展核电。在储能方面，加大力度发展抽水蓄能、电化学储能、储氢等储能技术，着力促进在源网荷各环节广泛高效应用，切实提升新能源消纳水平。

练好内功着力增强新能源矿产供应能力。加大国内新能源矿产资源勘探开发力度，将关键战略性新兴矿产资源纳入勘查重点，尽快摸清短缺矿产资源家底，发挥体制优势，集中力量全面对新疆、内蒙古、青海等富集矿产地勘查。加强新能源矿产资源从矿山生产—冶炼—材料—装备制造—

循环利用等全产业链条的商业储备体系，适度开展矿产地储备和矿山产能储备，加强替代资源和替代技术研究，引导有限资源的高效利用。研究制定应急预案和底线方案，确立应急状态下的使用时序安排，健全商业储备与战略储备体系。建立健全监测评估预警机制，跟踪评估中国关键战略性新兴矿产需求和供应前景。

3. 巩固国际来源多元化格局，增强供应链保供韧性

稳固油气与新能源矿产多元进口格局。强化与石油输出国组织（OPEC）及成员国、上海合作组织（SCO）及成员国、东南亚国家联盟（ASEAN）及成员国的多边和双边合作，巩固油气进口基本盘；持续推进"一带一路"建设，扩大与锂、钴、镍、铝、铜等矿产资源国的合作与交流，巩固与国际主要资源来源地的关系，提升新能源矿产的进口安全保障水平。加强对重要海外资源基地、过境地、关键输运节点所在国的战略投资与人才交流。开展动态预测预警，分析重大事件可能影响的供应环节和程度，做好应急处置预案，形成关键矿产监测预警报告制度。对于风险较大地区，通过政治、外交等多种手段，保障中国海外矿业投资的资产和人员安全。

持续强化油气及新能源矿产安全保障韧性。通过坚韧的产业链、供应链来稳固石油进口安全，用好中国石油炼化产能全球第一的优势，不断向下游延伸产业链，丰富石化产品国产化谱系和国际供应能力，持续提升重要化工原材料的国际竞争力。统筹制定和实施全球战略，全产业链打造中国战略性新兴矿产产业，不断增强全球影响力和把控力。借鉴已有的海外并购成功经验，强化关键战略性新兴矿产海外投资、全球采购政府指导和行业协会协调，建立和完善能源、资源、产业、经济、外交等多部门协调机制，统筹提升安全供给和保障能力。

（二）强化煤炭智能高效开采利用，提高保障能源安全兜底能力

1. 提高资源精细勘查程度，持续强化煤炭资源保障

加大煤炭资源勘查投入。加强煤炭资源专项勘查，查明储量进一步增

加，兜底保供能力增强。到2030年晋陕蒙新等省（区）煤炭资源整体勘查程度达到详查（及以上）的占其资源总量比例达到50%以上。加大生产煤矿深部区勘探力度，为提高可采储量、增加矿井服务年限提供支持。增加煤矿采区综合地质与精细化勘探力度，不断提高资源勘查精度，支撑煤矿安全生产和智能化开采的保障能力进一步增强；推动单一煤炭资源开发拓展为煤与煤层气等共伴生资源一体化协同开发，持续提高资源综合开发效率。

加强煤基油气特种资源保障。查清煤基油气对应的煤炭资源总量及分布，摸清煤基油气特种资源家底，充分挖掘煤炭作为原料和材料的双重属性；支撑山西晋北、陕西榆林、内蒙古鄂尔多斯、新疆准东、新疆哈密五大煤制油气战略基地规划布局和建设，提高煤制油气技术储备和产能储备。加快摸清新疆、内蒙古等地富油煤（焦油产率大于7%）资源情况，揭示各大煤田富油煤区块的赋存规律、分布特点、沉积特征，为富油煤资源管理与规模化开发打下基础。

2. 构建煤炭柔性生产体系，大幅提升煤炭供给弹性

进一步优化产能结构。煤矿大型化、现代化水平不断提升，持续淘汰落后产能，有序释放先进产能，提高先进产能占比。预计到2030年，全国煤矿数量控制在3500处以内，大型煤矿产量占85%以上；千万吨级矿井（含露天）产能超过15亿吨/年。加强煤炭供需市场监测和预测、预警，根据煤炭需求灵活调节产量，新建和改造一批高效、智能、少人的"柔性煤矿"，实现低成本安全高效产能调节和煤炭订单式、个性化生产，进一步提升煤炭应急保供能力。

加快推进煤炭开采智能化。分类分级、因矿施策开展智能化建设，围绕矿井感知、数据处理、装备系统、智能控制等，着力突破煤矿智能化共性关键技术，全面提升煤矿智能化建设水平。预计到2025年，完成煤矿智能无人化开采工程示范，建成煤矿智能化采掘工作面1000处以上，智能化煤矿产能达到60%以上。到2030年，智能化煤矿产能提高到80%以上。积极探索煤炭智能化原位开采，加快突破煤炭原位流态化开采原理与理论，

开展富油煤地下热解智能化示范工程，创新煤炭资源开发利用模式，推动煤炭资源开采变革向纵深拓展。

3. 完善煤炭运输基础设施，打造智能绿色物流体系

加强集疏运配套设施建设。加快瓦日、唐呼、浩吉等新投运煤炭运输通道的集疏运系统建设，推动铁路运煤专线运力尽早达到设计能力。预计到 2030 年，晋陕蒙煤炭主产区大型工矿企业铁路运输比例占煤炭中长距离运输（500 公里以上）的 90% 以上。强化“疆煤外运”主干道与相关矿区之间干支线的合理衔接。充分发挥兰渝线运力优势，实现西南地区煤炭供应保障能力稳步提高。建设沿海配套港口码头，优化内河水运通道，深化煤炭铁水联运、公水联运，加强港口物流转运设施和集疏运公路建设，实现铁路货运站与港口码头无缝衔接。

强化煤炭智慧绿色物流体系建设。加强煤炭储运、转运等标准化体系研究，推动煤炭智慧绿色物流标准化建设。推动煤炭行业大数据体系建设，促进煤炭产供储销运行体系与行业大数据深度融合。加快发展煤炭现代物流、智慧物流和绿色物流，大幅提高煤炭物流效率。预计到 2025 年，建成全国煤炭主要消费地与主要产煤地、主要中转地、大型企业有机结合的煤炭智慧绿色物流网络体系。

4. 全面实现清洁高效利用，支撑建设稳定电力系统

不断提升煤电灵活性能力。统筹电力供应安全和减污降碳，合理建设先进煤电，保持系统安全稳定运行。高效发挥煤电基础性保障作用，加快推进煤电由主体性电源向提供可调容量、调峰调频等辅助服务的系统调节性电源转型，煤电调节性作用进一步增强。大力推进超高参数燃煤发电和高灵活智能燃煤发电，加强新型动力循环系统建设，实现燃煤机组高效低成本的多污染物联合控制。推进存量煤电机组灵活性改造应改尽改，2021—2025 年累计完成灵活性改造 2 亿千瓦，增加系统调节能力 3000 万-4000 万千瓦，为可再生能源大比例消纳提供支撑。预计到 2025 年，全国火电平均供电标准煤耗降至 300 克/千瓦时以下。加快实施超标煤电机组节

能改造，“十四五”时期改造规模不低于3.5亿千瓦。探索矿区煤炭与新能源耦合利用，通过采煤沉陷区、露天矿排土场、废弃露天矿坑、关停矿区有序布局光伏发电及风电、生态等产业，将煤矿区建成多元清洁能源供应示范基地。

继续提升煤炭清洁转化水平。建立健全现代煤化工技术规范和产品标准体系。重点完善煤质、煤种及转化相关产品标准，提升煤炭转化能力，促进煤炭开发与清洁转化利用协同发展。加大力度支持富油煤分质分级清洁高效利用技术研发和示范项目建设，重点突破大型化粉煤热解技术和大规模半焦利用技术。预计到2030年，建成煤制油产能达到2000万吨以上，煤制气产能超过300亿立方米，完成百万吨级煤制芳烃、千万吨级富油煤高附加值利用项目示范。

（三）持续构建国内外双循环格局，增强石油石化产业安全基础

1. 勘探理论技术拓展新领域，实现国内国际多元供给

加强理论与技术创新提高增储上产能力。未来油气勘探要立足于“新盆地、新区带、新层系和新类型”等领域。重点突破海相碳酸盐岩、前陆冲断带、富油气凹陷、深层等领域的勘探理论认识。进一步增强自主创新能力和科研转化创效能力，实现从浅水与深水向超深水、从中深层向深层/超深层、从常规向非常规的技术突破和跨越，逐步建立起深水油气，以及高温、高压层的勘探开发能力。核心技术不断迭代升级，将高精度地震、高性能测井、智能化钻井、精准智能体积压裂等技术发展提高到新阶段，大大提升油气勘探的精度和效率。实现以国内能源富集地区为战略安全支撑，提高新勘探项目发现大中型油气田比例，常规与非常规有效接续开发的新局面。

继续深化国际合作同时优化进口。主动参与全球能源产业链重塑再造，深度融入全球产业链、供应链。积极参与并推动“一带一路”沿线国家能源基础设施建设和改造升级，促进能源输送网络互联互通，推动能源生产

和消费的短距化，加快先进技术、装备、标准和服务"走出去"的步伐，《区域全面经济伙伴关系协定》（RCEP 协议）生效将加速这一进程。优化全球资源配置，拓展合作新方向。继续秉持优势互补、互利共赢的理念，坚持国际化道路，借助"一带一路"拓宽能源合作领域，扩大开放合作国家和地区，在页岩油气开发和深水、超深水等重点业务领域加快合作步伐，加大研发设计、营销服务、贸易、金融等环节的合作力度。同时扩大引进国际油服公司，加强先进技术、管理经验的交流与合作，鼓励更多的国际油服企业在国内设立分公司，促进国内油气技术服务市场快速成长。

2. 天然气总体实现稳产保供，页岩气成为重要主力资源

大力发展页岩气为主的非常规天然气。天然气供给总量继续增长，在上游企业大力开展提质增效专项行动、实行低成本运行基础上，国内低品位资源将得到有效开发，天然气产量有望保持近 5%的增速，满足天然气安全供应的兜底保障需要。政策机制进一步鼓励供给形式多元化，更多优选区块将不断进入市场，增强勘探开发领域对外资、民营企业等投资者的吸引力，从而提高行业供应保障能力。页岩气资源潜力获得进一步评价，页岩气勘探开发关键技术深化集成，深层、常压页岩气低成本适应性工程技术深入发展，近海页岩气进入量产阶段，陆上页岩气发展加快，海陆过渡相页岩气有望实现产量突破。2030 年页岩气产量有望提高到 400 亿立方米。致密碎屑岩领域高产富集主控因素不断深化认识，含水薄互层叠置致密气勘探开发生产一体化工艺技术继续推广应用。煤层气储层精细描述及甜点评价理论与技术形成突破，煤层气、致密气、页岩气"三气合采"模式不断成熟，煤层气勘探整体效益进一步提高。

全面深度参与国际天然气合作。天然气国际市场参与程度不断提高，高水平对外开放向全方位推进。积极参与全球天然气产业治理，进一步融入并引导完善现有全球能源治理机构建设。深度参与东北亚、东南亚、中亚等区域天然气治理体系，建设更有韧性的区域市场。主动参与全球天然气贸易与市场体系的建设，引导世界天然气贸易规则不断完善、贸易方式

更具弹性，为促进形成资源供应充足、定价方式多元、条款更加灵活的贸易格局作出积极贡献。加快建设天然气期货市场，积极融入区域天然气市场定价体系，设立丰富的交易品种，配备交割仓库核定库容，推动上海天然气期货成为亚太地区天然气定价基准。

3. 石化产品补短板取得明显成效，产业安全水平整体提升

继续保持炼化总量增长同时缓解结构矛盾。预计“十四五”时期，中国炼油和石化产能保持继续扩张态势。将有多个千万吨级炼厂建成投产，净增炼油能力0.96亿吨/年，总炼油能力将达到9.8亿吨/年，成为世界第一大炼油强国。炼油行业补链、延链、强链持续深化，化工行业将着力建设薄弱的产业环节。交通用油将达到消费峰值，公路交通用油下降，航空用油增长；化工用油是未来主要增长点。预计到2025年，乙烯、对二甲苯产能将翻番，分别达到6332万吨/年和5411万吨/年。七大化工产业基地产能将占全国总产能的40%，化工产业从传统的简单一体化向纵深集成一体化发展。展望2030年，伴随产能的逐步释放，成品油及其大宗基础化学品的市场竞争将进一步加剧。关键核心技术的研发与突破对企业发展贡献度进一步提高。通过组建一批创新平台、战略联盟、示范基地，实现原始创新和集成创新能力持续增强。全行业“低端产品过剩，高端产品短缺”的结构性矛盾将得到较大改善。

着力攻克“卡脖子”材料和关键技术。材料传统化学产品产能稳中有降，新型化学材料供给快速增长，同时高端化工产品研发能力不断增强。在高端聚烯烃、高性能合成橡胶及弹性体、高性能纤维（料）、可降解材料、酶催化技术，以及微化工技术等重大关键技术、核心工艺包、重点关键设备制造上形成突破。高端产品、高附加值新型化工材料、精细化学品的国产化率有所提高，替代进口效果显现。重点培育电子化学品、生物化工与新医药、高效催化剂、高性能涂料、高附加值化工设备等新兴化工技术企业，带动产业优化升级。污染物净化水平持续提升，循环利用水平得到提高，二氧化碳捕集与利用技术在石化领域进一步发展，低碳烯烃新技术力争取得突破性进展，二氧化碳加氢制甲醇规模在2040年有望达到100

万吨/年，初步形成二氧化碳产业链分支。绿电、绿氢在石化行业的应用得到持续拓展。

（四）多元发展扩大开发利用规模，非化石能源发展达到新高度

1. 非化石能源快速增长，对化石能源从增量替代转为存量替代

持续扩大非化石能源开发利用规模。推动非化石能源进一步大规模发展，力争新增电力需求更多地通过非化石能源电力替代。为实现“2030年非化石能源占比25%”和“风电、太阳能发电装机达到12亿千瓦以上”的目标，风电和光伏发电的年均新增装机需要保持较高的水平，2021—2030年的年均新增并网装机容量要达到1.1亿千瓦以上，同时积极稳妥推进大型水电项目和核电项目开发建设。力争到2030年，全国非化石电力装机容量占全国总装机容量的60%左右。稳步推进非化石能源的非电领域应用，力争到2025年，核电供热、生物质供热、地热能供暖、生物质燃料、太阳能供热利用等非电利用规模达到6000万吨标准煤以上。

推动非化石能源逐步由增量替代阶段进入到存量替代阶段。2025年之前，加快非化石能源电力开发建设，力争扩大增量替代化石能源的能力。2025—2030年，非化石能源发展进一步提速，全面进入增量替代化石能源阶段，确保能源领域碳排放达峰。2030年新增的可再生能源发电量可满足当年新增全社会用电量的80%左右，基本实现非化石能源对电力需求增量的全部替代。发挥西部地区可再生能源资源优势，率先在西部实现可再生能源的高比例发展；推进东部地区海上风电、沿海核电等资源的稳妥开发和高效利用，持续推动中东部地区分布式非化石能源的开发利用场景创新和融合发展，逐步提高非化石能源的替代能力。发展适应高比例可再生能源的储能、智慧能源技术，着力提升能源基础设施和运行市场机制对高比例非化石能源的适应能力，保障新增能源需求的绝大部分由非化石能源提供。

2. 区域布局明显优化，开发利用模式持续创新

可再生能源发电集中式与分布式并举。以沙漠、戈壁、荒漠地区为重点，推动大型风电、光伏发电基地项目的开发建设和配套调节电源、送出线路建设，建成一批高比例可再生能源基地；基本建成松辽、冀北、黄河几字弯、黄河上游、新疆、金沙江上游、雅砻江流域、金沙江下游等九大清洁能源基地；进一步发展海上风电，形成山东、江苏、浙江、福建、广东等海上风电基地。加快风电、光伏发电发展模式创新应用和示范，启动实施“千家万户沐光行动”和“千乡万村驭风行动”。风光+光热、光伏+储能、多能互补和源网荷储一体化等将成为主流发展模式，可再生能源+氢能示范项目也在启动实施。大规模风光基地建设和分布式开发并重，引领源网荷储一体化和多能互补协同发展。

积极安全有序发展核电。2022 年始，将陆续建成福清 6 号、红沿河 6 号、防城港 3 号和高温气冷堆等示范工程。“十四五”时期，有序推动沿海三代核电建设，推进模块式小型堆、60 万千瓦级商用高温气冷堆、海上浮动式核动力平台等先进项目示范，预计 2025 年核电运行装机容量达到 7000 万千瓦左右。大力发展核能产业链中的薄弱环节，高度重视乏燃料处置技术研发和相关问题；继续攻关四代堆，积极推动降低三代核电造价，适度发展可调峰核电站，探索小型安全便携式自调节反应堆，在确保安全的前提下有序推进具备可靠条件的核电项目核准建设。稳妥推进核电站的余热供热和调节能力建设。

3. 产业链保供体系建设稳步推进，安全保障水平进一步提升

全面建设新能源产业链资源安全供应体系。重视新能源矿产资源供应安全，加快建立和完善关键新能源矿产资源安全供应体系，研究支撑中国“双碳”目标实现和新能源产业发展的新能源矿产需求量，发布并动态调整中国关键新能源矿产目录，并加快制定相应的供应安全保障规划。加大新能源矿产开发和供应的政策支持力度，鼓励多元供应，建立覆盖和协调勘查、开采、冶炼、加工、利用、回收、储备等多个环节的政策体系。加强与重要资源国的多双边合作，规划布局矿业产能合作基地；加快完善应

急储备体系，建立健全监测评估预警机制，定期评估中国关键新能源矿产需求和供应前景，研究制定应急预案，建立和健全商业储备与战略储备体系。

继续提升能源和电力系统的低碳安全供应水平。统筹低碳与安全，着力推动多能融合、多网融合，因地制宜发展多元能源，实现电能、热能、冷能协同互补、相互支撑。加快绿氢、储能等新型能源技术的成熟和规模化应用，以及微电网、能源互联网、虚拟电厂、柔性直流等新型电网技术的示范和广泛应用，构建起“基地式开发+跨省跨区灵活配置”与“分布式融合+微电网”的协调发展，实现多种能源基础设施网络高度融合，以及跨域资源灵活可靠配置，以提升能源系统对各类能源的平稳安全接入能力，促进各种能源组织方式的有机融合。不断提升电力电子设备的灵活可控性，有效应对电力系统不确定性、不稳定性，持续提高电力系统安全防御能力。推动建设绿色低碳、多元互动、柔性灵活、协同高效、数字智能、安全可控的能源系统建设。

4. 重视非电可再生能源利用，构建“热电并举”发展新格局

稳妥推进生物质能非电利用。合理发展生物质能供暖，支持以农林生物质、生物质成型燃料等为主的生物质供暖设施建设，推动在城镇等人口聚集区集中供暖，探索农林生物质供暖供热示范工程。在大气污染防治非重点乡村及地区，加大力度推广生物质甲烷，统筹县域生物质资源，建立生物质甲烷的产业体系，在粮食主产区、林业三剩物富集区、畜禽养殖集中区等种植养殖大县，有序推进生物质甲烷县域工程示范。着力打造生物质梯次利用新模式，支持开展醇、电、气、肥等多联产示范，形成居民用气、车辆燃油、锅炉燃料、发电、有机肥料等多元供应新方式。

深入推进地热能等可再生能源梯次互补利用。加快浅层地热能开发利用，优先开发土壤热源，有序开发再生水热源，适度开发地表水热源，在华北平原、长江经济带等地区扩大浅层地热能开发利用规模，满足不断增长的供暖制冷双需求。推动中深层地热能供暖、供冷与供电集中规划、统筹开发，支持地热能与旅游业、种植业、养殖业、乡村新兴高附加值等产

业的综合利用。加快探索中深层地热能供暖制冷的新技术和新模式，推广“地热能+”多能互补模式。继续推动绿氢生产、储运技术研究和应用，加快燃料汽车产业链城市示范群建设，探索绿氢产业与钢铁工业、石化工业融合发展；持续支持海岛、海上牧场示范区综合开发利用波浪能、温差能和盐差能，探索新能源发展新路径。

（五）不断强化能源基础设施功能，显著提高应急安全保障系数

1. 智能电网建设取得明显成效，新型电力系统发展不断深化

加快智能变电站建设同时继续完善电网网架结构。持续提升智能调度、智能检修运维等智能化程度，加快建设融合光伏电站、充电站、新型储能站等多种功能设施的智能变电站。稳步推进输电网的重大战略性工程、特高压工程，跨区跨省资源配置能力得到显著提升，电力交换能力和通道利用效率逐步提高，电网安全运行水平和抵御严重故障的能力进一步增强，新能源大基地电力外送的特高压通道工程建设继续增加，到 2025 年总输送容量再创新高。将建成连接华北、华中、华东地区“五横四纵”的特高压交流主网架，同时川渝形成“两横一环网”的特高压交流主网架。继续优化完善 750 千伏、500 千伏和 330 千伏、220 千伏区域电网，各级电网协同能力得到进一步提升。另外，加快建立双边、多边跨国电力互联合作机制，深化东北亚、东南亚、南亚等地区的电力联网规划研究，重点推进中国与周边国家电网互联工程，加快建设澜湄流域、尼泊尔、巴基斯坦等电力外送工程，以及蒙古国等电力输入工程。预计到 2025 年，建成 9 个回路直流跨国工程，输电容量达 2800 万千瓦，持续加强与“一带一路”沿线国家之间的能源合作。

积极构建多元融合的新型配电系统。新型配电系统具备“安全可靠、优质高效、绿色低碳、智能互动”的特征。目前正在规划建设以雄安新区、粤港澳大湾区为代表的城市新型配电网，将从单向供电向多种分布式能源和柔性负荷智能互动的方向转变，呈现分布式能源、微电网、综合能源、多站合一、储能等多样化的形式。农村配电网将利用丰富的可再生能

源和分布式能源资源，先行推动建设新型配电系统，进一步提升农村电网可靠性。

2. 逐步完成智能油气输配网络建设，实现安全保障广泛覆盖

原油成品油管道实现安全保障需要。重点推进原油、成品油长输管网的公平开放，以辽宁、河北、山东等地为重点，推动原油长输管网向独立炼厂供油，以及成品油长输管网与独立炼厂连接。加快完成全国原油管网的规划布局和管道建设。结合新建和扩建、改建炼厂需求，加快建设互联互通的支线管道。推动建设大连长兴岛—锦州成品油管道、菏泽东明—郑州成品油管道、舟山—湖州成品油管道等炼厂配套外输管道，不断满足沿海大型炼化企业成品油销售要求。继续推动苏皖、赣湘、粤赣联络线，兰州—郑州—长沙成品油管道、锦州—郑州成品油管道与华北、华东、华中、西南等区域管网之间的互联互通工程，以及西南成品油管网内部的管网联通等工程建设，扩大成品油管道在中东部地区的覆盖范围，提高管网覆盖服务水平，优化成品油资源合理配置。

推动天然气管网基本形成“全国一张网”。加快国内天然气管道互联互通，进一步完善陆上进口管道、沿海 LNG 接收站外输管道、油气田外输管道，完成天然气干线管网布局。按照资源条件和市场需求，重点完成中俄东线天然气管道永清—上海段、西气东输天然气管道五线和四线、西三线中段、川气东送管道二线、天津 LNG 外输管道复线、滨海 LNG 外输管道等项目建设，提高干线管网输送能力。理顺国家油气管网集团、主要石油企业、地方管网公司和城市燃气企业的关系，完善各省市天然气支线管网与大管网的规划布局，扩大天然气支线管道对省会城市、地级市、县级市和重点城镇的覆盖范围。预计到 2025 年，全国年均新建国内天然气管道超过 8000 公里，实现地级市管网全覆盖，县级市管网覆盖服务水平显著提升。

3. 加速发展能源储备设施及配套建设，持续提升应急供给能力

进一步完善油气储备基础设施系统。全面开展石油储备基地选址调查。加快国家石油储备基地二期工程建设，推进三期工程建设。到 2025 年，建

成政府储备、企业社会责任储备和企业生产经营库存有机结合、互为补充的石油储备体系。加快东北、华北、华东、华中等地区地下储气库建设，着力打造华北、东北、西南、西北等数个百亿立方级地下储气库群。到2025年，实现地下储气库工作量超过300亿立方米，新建干线管道配套储气库工作气量应达到管道设计年输量的10%以上。加快LNG接收站储气能力建设，优先推进重要港址已建、在建和规划的LNG接收站项目。新建、扩建LNG接收站储气量应达到设计年接收能力的10%以上，已建LNG接收站扩建项目优先考虑增加储气能力，以满足中心城市及辐射地区的应急调峰需求。

加速储能体系规模化建设。加快建成一批建设条件好、前期工作深、综合效益优的抽水蓄能电站，积极推进河北丰宁、山东文登、辽宁清原等在建抽水蓄能电站建设，尽快推进已核准抽水蓄能电站的开工建设。在湖北、浙江、江西、广东等资源较好的省（区），结合当地电力发展和新能源发展需求，因地制宜规划建设中小型抽水蓄能电站。开展水电梯级融合改造潜力评估，重点发展中东部梯级水电，适时推进示范项目建设。预计到2025年，抽水蓄能投产总规模达到6200万千瓦以上；到2030年，投产总规模达到1.2亿千瓦左右。大力提高新型储能技术创新能力，大幅提升核心技术装备自主可控水平，加快完善标准体系，努力完备产业体系，在高安全、低成本、高可靠、长寿命等方面取得长足进步，预计到2025年，装机规模达到3000万千瓦以上。其中，电化学储能技术性能进一步提升，预计系统成本降低30%以上；火电与核电机组抽汽蓄能等依托常规电源的新型储能技术、百兆瓦级压缩空气储能技术实现工程化应用；兆瓦级飞轮储能等机械储能技术逐步成熟；氢储能、热（冷）储能等长时间尺度储能技术取得突破。到2030年，新型储能进入全面商业化阶段，核心技术装备自主可控，技术创新和产业水平稳居全球前列。新型储能与电力系统各环节深度融合发展，基本满足构建新型电力系统需求，全面支撑能源领域碳达峰目标如期实现。

三、典型案例

党的十八大以来，广大能源工作者、众多企业积极投入能源转型，推动“四个革命、一个合作”能源安全新战略落地落实。通过技术创新、管理创新、模式创新，大胆探索建设智慧油田、智慧炼化、智慧零碳园区、电热气等联产综合智慧能源、“样板房”综合智慧能源、换电重卡与源网荷储换电站综合智慧能源、“光伏治沙+”生态农业综合智慧能源、按需供暖的区域热网全过程全成本调控优化综合智慧能源等示范项目，积累了丰富的宝贵经验，其中一些具有技术经济性的示范项目正在加速推广，为中国能源转型提供了可推广可复制的新模式。

从典型案例看，传统能源行业如电力、石化领域积极借助先进信息技术，推动终端能源设备的智能化及通讯网络的全覆盖，探索与新能源的有机融合，着力创新商业模式，提高了新能源的利用率，实现了降能耗、降成本，全面提升了试点项目的经济效益、环境效益和社会效益。

“华为团泊洼智慧零碳园区综合能源服务项目”，建设分布式光伏、用户侧储能、充电桩、柔性交直流混合配网，以及智能化管控平台，有效降低了能源成本。**“磴口‘光伏治沙+’生态农业综合智慧能源示范项目”**，依托5万千瓦光伏项目，创新“光伏治沙+生态修复”能源发展模式，在治沙的同时实现与当地一、二、三产业的融合发展，光伏场站1700亩的沙漠，在提高绿色电力的同时改善了生态环境。**“基于按需供暖的区域热网户、站、网、源全过程全成本调控优化研究与示范综合智慧能源项目”**，打通“户、楼、线、站、网、源”的全过程智慧供热系统，用户按需自主调节，根据热量（能量）计量计价，大幅提升用户用能品质、降低供热能耗。**“浙能滨电综合智慧能源项目”**，依托煤电厂，拓展蒸汽、压缩空气市场，建设分布式光伏，就近高效供能；整合企业内部长期处于割据状态的不同品种的能源网络，建立智慧管控大脑，综合能耗降低25%以上。**“汪清县域开发‘样板房’综合智慧能源项目”**，建设“三网融合”管控平台系统，实现不同地点设备集中监控管理，共享分析项目数据，使管理智能化、集成化、远程化、图形化。**“日照港换电重卡与源网荷储换电站综合智慧能源项目”**，大力发展风电、光伏发电，利用新能源为换电重卡电池充电，大规模替代港口燃油汽车。**“九江石化‘智慧炼化’项目”**，运用物联网（IoT）、云计算、移动宽带网络、三维数字化、大数据、移动平台等先进信息技术，以“平台+数据+服务”模式，建立信息共享机制、统一数据标准，做到输出同源，对数据深度挖掘分析，形成传统行业与信息技术深度融合的新模式、新业态。**“华北油田‘智慧油田’项目”**，实施数字化建设，打造基于云计算的勘探开发一体化整体技术架构和统一共享的数据资源池，将大数据、云计算、物联网及移动通信技术创新地应用到石油勘探开发领域，促进油田提质增效，打造石油领域新兴业态。

随着 5G、人工智能、大数据等现代信息技术的快速发展，未来的清洁低碳、安全高效能源体系离不开这些技术的支持，以及现代信息技术与能源系统的深度融合。要以现代信息技术新建和改造已有能源资源的开发、生产、加工、转换、运输、配送、存储、销售、利用等各环节，逐步形成具有数字化功能的智慧能源系统，大幅提升分布式与集中式等多业态、多场景的灵活程度；要实现传统能源和新能源在供应与使用全产业链条上的高水平协同，做到多能互补、集成优化和源网荷储协调运行，推动全社会各领域、各环节能效持续提升，以及能源产供储销体系协调稳定发展和中国能源供给革命向纵深挺进。

案例 1

华为团泊洼智慧零碳园区综合能源服务项目

摘要：该项目探索工业产业园区/企业“碳中和”解决方案和商业模式创新，为工业产业园区/企业提高用能效率、降低用能成本、“碳中和”实施路径提供参考，对促进绿色低碳能源发展具有示范意义。每年可减少二氧化碳排放7930吨，降低能源成本15%。该项目建设分布式光伏11.936兆瓦、用户侧储能15兆瓦/30兆瓦时、冰蓄冷190286千瓦时、车辆到电网（V2G）充电桩100个，以及运营管控平台一套及园区柔性交直流混合配网，部署需求响应、多能调优等多套人工智能算法支撑园区和电力市场、碳市场交易运营，远期可实现电力调度中心、电力市场、碳市场的双向互动。

1. 项目概况

为完整准确全面贯彻新发展理念，落实习近平主席提出的“双碳”目标，广东省能源集团与华为技术有限公司共同推进华为团泊洼智慧零碳园区能源项目建设，探索碳中和实施路径，打造园区低碳高效能源系统，实现智慧零碳综合服务。

该项目位于东莞市科技产业园华为团泊洼工业园区。占地84万平方米，7栋厂房屋顶可用面积8.7万平方米，地下室2.9万平方米，建设屋顶光伏11.936兆瓦、储能15兆瓦/30兆瓦时、冰蓄冷190286千瓦时、V2G充电桩100个，以及柔性交直流混合配网（直流空调、照明、大屏、分布式光伏、充电桩等负荷）、多能流和碳资产一体化运营管控系统和设备一套。

2. 技术方案

运用新能源发电、多能转换/存储、多能调控、节能减排、电力电子等技术，打通园区多能流，实现园区“源网荷储”一体化，充分利用园区可再生能源，提高能源效率、降低碳排放；运用物联网、云边端协同、AI、云编排等技术打通园区多系统信息流，实现园区能耗和碳资产管理一体化，支撑园区和电力市场、碳市场、电力调度信息交互和运营增值。其解决方案技术架构如图 1 所示。

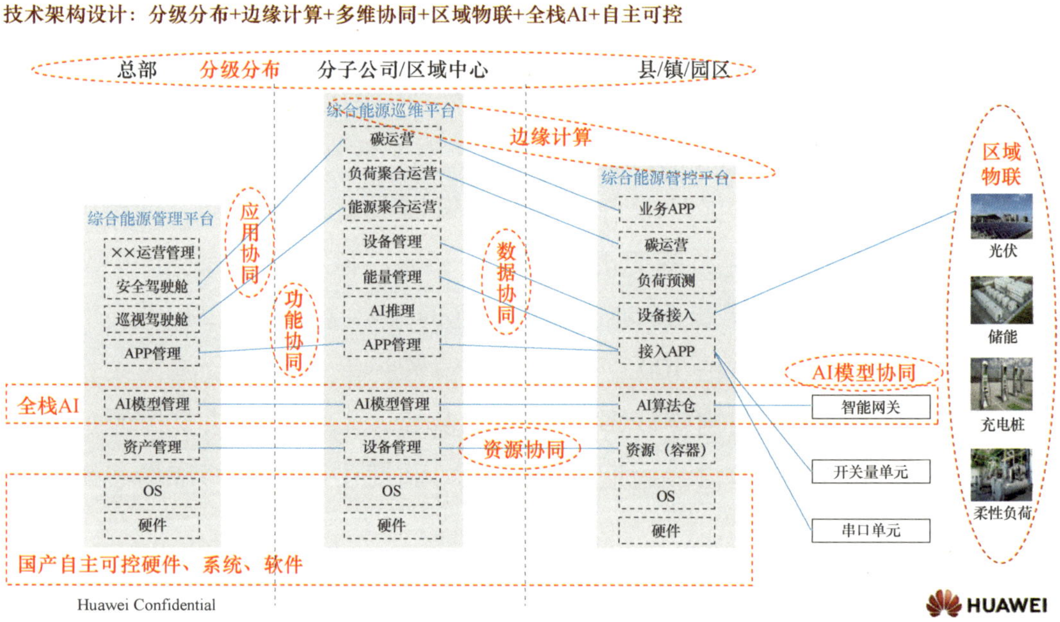

图 1 项目技术构架示意图

实现园区多能和碳资产的一体化运营管理，主要包括业务平台和基础平台两部分，解决方案功能架构如图 2 所示。业务平台支撑运营类业务应用，提供智慧零碳园区一站式应用服务。基础平台提供统一服务、统一接入、统一运维等核心服务；提供能耗统计分析、能耗分类分项、安全用能管理、用能定额管理、效益评估等用能分析工具。

3. 特色与创新

解决方案。建成云边端协同的多能流能量和碳资产一体化运营管理平台，多能流调控优化 AI 算法和仿真平台，云边端协同的碳监测、报告与核查（MRV）应用服务，无源光网和授时型网关，源网荷储一体化交直流柔性可调园区配电网。

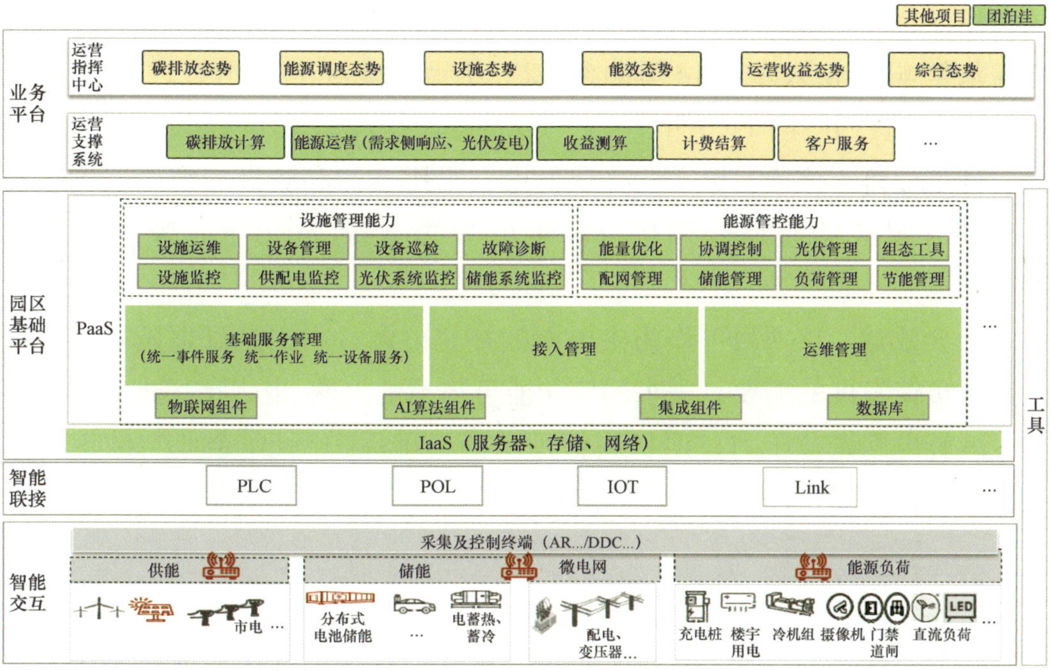

图 2　项目功能构架示意图

商业模式。“能源—碳—资金”的闭环运行模型（图 3），可降低园区业主的用能成本、投资方的融资成本，提升运营方的收益能力。

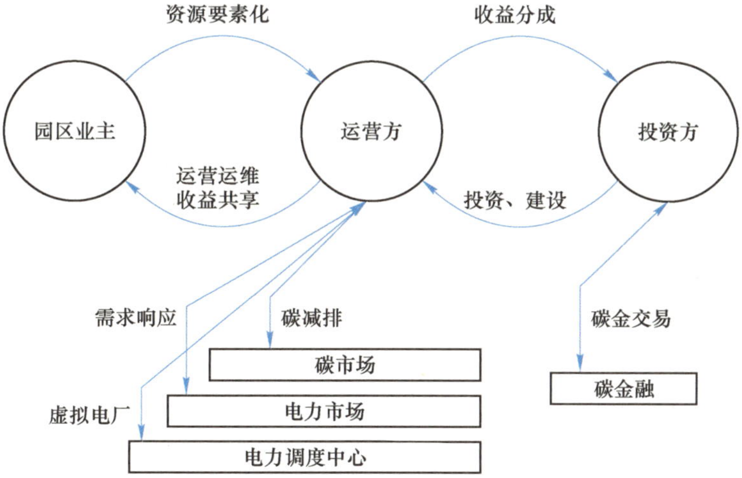

图 3　项目运营模式示意图

4. 效益分析

经济效益。光伏年均发电收益 901 万元，储能年均调峰收入约 766 万元，国家核证自愿减排量（CCER）年收益32万元，调优节能年收益33万元，年需求侧响应收入取中位预测约123万元。项目全资本金内部收益率9.39%，投资回收期11.1年。

环境效益。该项目分布式光伏发电，采用多能和碳资产统一运营管控平台，对园区用能综合调优，每年可节约电费33万元，减少碳排放7930吨。

社会效益。该项目可作为主电网的补充电源，向当地配电网供电，满足区域负荷发展的需要；需求响应功能可与当地电网/电力市场进行有效互动，减轻电网调节压力；项目碳管理功能，可促进园区/企业与碳市场互动，推动碳市场良性发展。

5. 经验与建议

因对“零碳+”新能源的应用系统设计、开发、可视化等处于摸索阶段，各类型设备较多、数据指标接口复杂，对接困难，建议尽快出台关于园区零碳建设的指导方案；逐步形成细分领域的技术规范和相关标准；运营单位应关注电力市场、碳市场、电力调度中心关于交易规则和品类的管理办法，提升运营盈利能力。

案例 2

磴口“光伏治沙+”生态农业综合智慧能源示范项目

摘要：国家电力投资集团内蒙古新能源有限公司依托磴口 5 万千瓦光伏项目，打造国内首个光伏治沙项目，经过几年综合治理，使光伏场站 1700 亩沙漠植被覆盖率由原来的 8%提高到 77%。聚焦北京沙源地乌兰布和沙漠，大力开展磴口乌兰布和沙漠百万级“光伏+生态治理”基地建设，已取得 20 万千瓦光伏治沙先导项目指标，积极探索清洁低碳综合智慧用能与沙漠生态治理、一二三产业融合协调发展新路径，构建“新能源+沙漠生态治理+生态产业”的可持续治沙体系，走出一条生态治理与产业融合发展的创新之路，具有良好的示范和推广价值。

1. 项目概况

国家电力投资集团磴口光伏治沙项目位于内蒙古巴彦淖尔市磴口工业园区西侧乌兰布和沙漠内。所在地年总辐射量超过 1750 千瓦时/平方米，25 年寿命期设计总发电量 195075 万千瓦时。通过实施“沙漠生态治理+光伏+农业种植”的特色治理，治沙区植被覆盖率可由原来的 8%提高到 77%，实现治理沙地 1700 亩。今后将开展“新能源+”沙漠生态治理关键技术研发，积极探索可推广可复制的沙漠综合治理新模式（图 4）。

2. 技术方案

以“沙漠生态治理+生态产业+新能源+综合智慧能源”为实施路径，协同发展助力乡村振兴。以“光伏+农业大棚+智慧车棚+电动皮卡+地源热泵+无人机巡检”开展综合智慧能源场站建设，在治沙的同时实现清洁能源综合利用及沙产业协同发展。形成从沙漠治理到沙漠生态资源开发、清洁能源产业延伸的综合实施方案，实现技术、经济、生态共同发展。具体

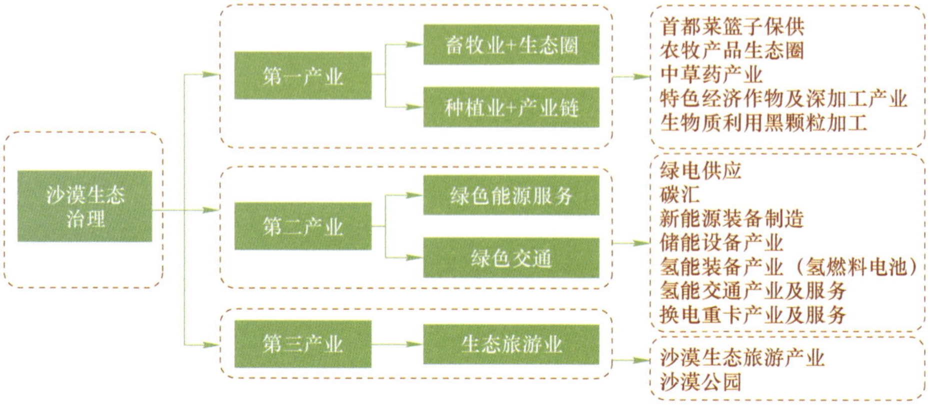

图 4　磴口沙漠生态治理大基地建设规划

应用场景及技术方案包括：（1）光伏发电减蒸发降风速（图 5）；（2）农、光、牧协同发展；（3）地源热泵系统；（4）智慧车棚+电动皮卡；（5）无人机光伏区智能巡检；（6）无人值守数字化场站（图 6）。

图 5　固沙植物种植示意图

3. 特色与创新

技术路线创新。该项目采取“沙漠生态治理+生态产业+新能源+综合智慧”的技术路线。采用新兴综合治沙技术，促进土壤改良、生态恢复，实现清洁能源综合利用及沙产业发展。建设新能源光伏电站综合智慧能源系统，为开发同类型综合智慧能源项目起到示范作用。

产业模式创新。将光伏治沙与生态产业、综合智慧能源融合发展，同时综合运用智慧能源场景，打造“板上发电、板间种植养殖、板下修复、

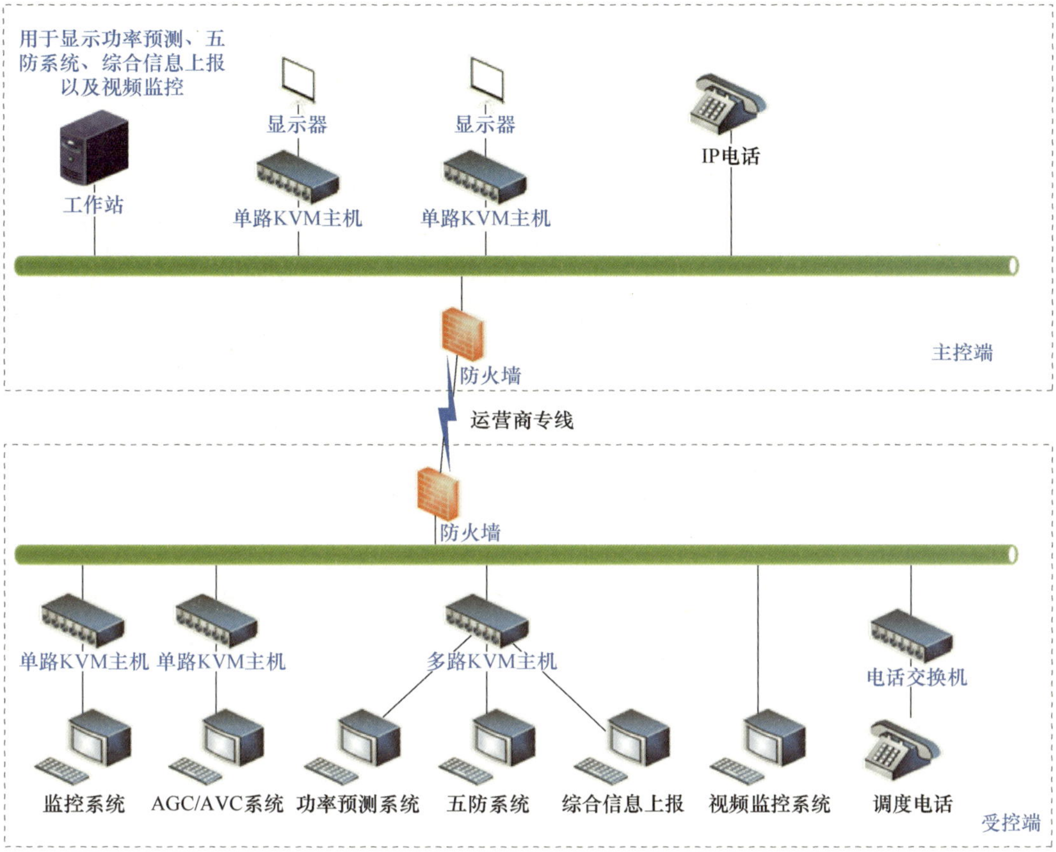

图 6　无人值守数字化接入网络拓扑图

节能环保、低碳高效”聚合体，形成光伏治沙与生态产业、综合智慧相结合的治沙产业新模式。

4. 效益分析

经济效益。项目在 25 年寿命期内可提供清洁绿电 195075 万千瓦时，年等效利用小时数 1445 小时，发电收入 16. 39 亿元，年均利润 17. 75 万元，全寿期内可实现利润 443. 75 万元。

环境效益。光伏绿电年可节约标准煤约 25370 吨，碳减排量 93023 吨，实现沙化土地治理 1700 余亩，治理区域植被覆盖率由 8%提升至 77%，可有效改善土壤涵养能力和改善沙区生产生活条件。

社会效益。项目全部建成后，累计带动就业 0. 5 万人，实现农民增收 1. 2 万元/（户・年），建设美丽乡村，推动共同富裕。充分发挥土地价值，拓展“粮、经、饲”多元化农产品供应，为首都菜篮子工程提供绿色、可追溯新渠道。

5. 经验与建议

加快综合智慧能源相关标准和管理办法的编制工作，为综合智慧能源项目开发提供政策指引和工作指导。加强政策宣传和专业知识培训，加大对综合智慧能源从业人员技术培训力度。以项目建设驱动生态治理，走出一条光伏发电、生态修复、扶贫利民的共赢道路。综合智慧能源场景应充分结合当地实际情况，因地制宜，综合运用先进理念与技术，力争实现光伏场站零碳排放。

案例 3

基于按需供暖的区域热网户、站、网、源全过程全成本调控优化研究与示范综合智慧能源项目

摘要：在“双碳”目标战略背景下，集中供暖行业中各类以实现低碳或零碳目标的供热技术应运而生，如风光水等清洁能源利用、跨季节蓄热、降低回水温度、建筑保温等技术。这些都能较好地解决集中供暖行业中的各类能耗较高问题，实现低碳或零碳供热。基于用户按需自主调节供暖技术是一种以推动用户自愿节能、加强末端调节的技术，可有效提升用户用热品质并降低供热能耗，一直受到国内外科研单位的广泛关注。

1. 项目概况

该项目旨在改善供热品质，探索降低北京供热区域锅炉房能耗的有效途径。以石景山分公司鲁谷、丰台分公司京铁两个区域锅炉房及下属热力站和供热面积为样本，研究基于用户自主调节、协同楼口自动平衡及协调锅炉群控的区域锅炉房全业务体系的智慧供热，打造国内首个以用户需求为导向、真正打通“户、楼、线、站、网、源”全过程的智慧供热系统，完成两个示范。

2. 技术方案（图 7）

（1）基于物联网技术，分别从用户自身舒适性的角度，由用户根据当前室温及自身感受，自主进行室内温度调节。

（2）先进的供热平衡技术和设备，针对因用户自主调节造成二次失衡的影响，实时纠正二次系统的不平衡特性。

（3）锅炉群控算法和装置，研究锅炉最优出力算法，提出锅炉按需供热的最优、最经济的运行策略，实现锅炉的联合控制。

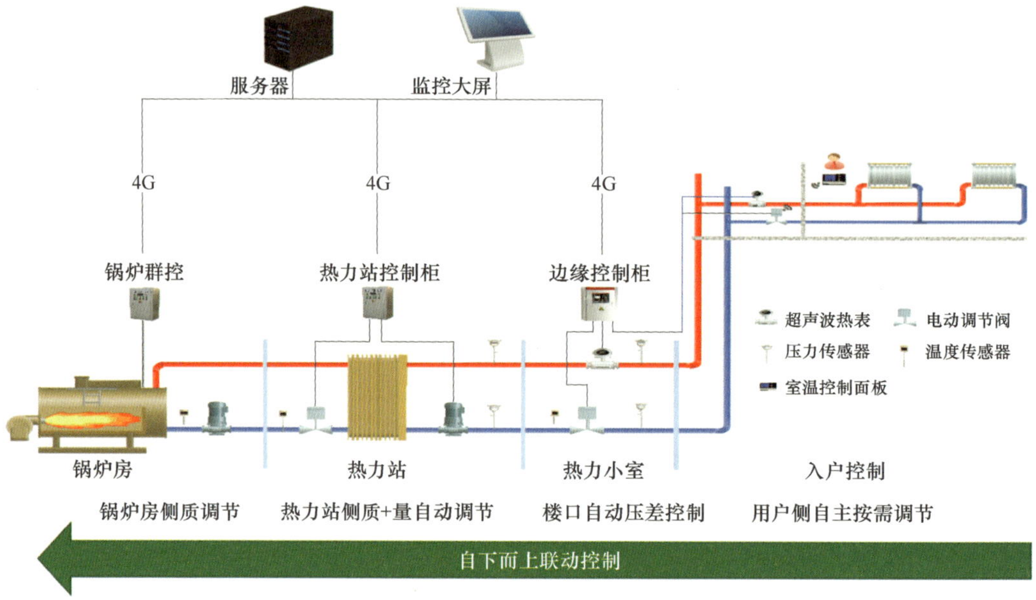

图 7 “户、楼、站、源”全过程控制过程示意图

（4）升级原 DCS，建立区域锅炉房调控中心，做到全流程调控，形成户、楼、线、站、网、源联动统一调控的关键技术。

（5）打造以用户需求为导向的、自下而上要热量，联动“户、楼、站、源”全过程的智慧化管控平台，实时在线监测各生产工艺、设备运行参数并进行调控。

3. 特色与创新

（1）基于楼前边缘计算的用户自主按需调节技术的研发，有效提高用户主观节能意识，提高末端调控水平及用户用热品质，降低系统运行能耗。真正实现以用户需求为导向、自下而上要热量，联动“户、楼、站、源”全过程的智慧供热项目。

（2）基于云、边协同的计算资源分布，云计算把握整体、边缘计算专注局部，实现云、边互补协同。

（3）基于全面二次管网水力平衡的自动化控制，优化全面二次管网水力平衡对二次管网实施各类智慧供热的技术路线。

4. 效益分析

经济效益。预计每年节约燃气费约 250 万元，节约电费约 35 万元；锅炉群控和二网诊断系统具有自主知识产权，可在集团内外转化和推广。

环境效益。鲁谷锅炉房改造后总面积节热率预估不低于3%，电耗不低于5%；京铁锅炉房改造后总面积节热率预估不低于7%，电耗不低于10%。每年预计可节约热量约30000吉焦，减少二氧化碳排放2500吨以上。

社会效益。通过不断提高末端调控技术，稳定二次管网各个控制环路的控制过程与效果，提高用户主观节能意识及用户用热品质，降低系统运行能耗，推动中国北方城镇低碳供热。

5. 经验与建议

当前中国集中供暖行业，普遍采用的按面积收费模式，无法充分调动用户节能意识，不能有效推动供热分户计量政策的有效实施，是该供热模式推广应用过程中，面临和需要解决的主要问题。建议制定热计量收费定价原则，建立健全法律法规，对热计量改造实行补贴，实行分户热计量收费及设立统一的监管机构。

案例 4

浙能滨电综合智慧能源项目

摘要：浙能滨电依托集中供热业务，主动调研用户共性和个性需求，充分整合长期以来处于割据状态的各个能源网络，积极拓展包括蒸汽、压缩空气、分布式光伏等多元化的综合能源供应。通过搭建“智慧供热生产管理与运行调度平台”等平台，构建以智慧能效管理为“大脑”的能源信息化管理体系，实现智慧化运行、管理与区域层面的能效提高和节能降耗。

1. 项目概况

绍兴市柯桥区自 2010 年始实施印染集聚升级工程，通过政府规划引导、供能企业提前布局、用能企业集聚发展实现了印染产业的转型升级，形成了以浙江浙能绍兴滨海热电有限责任公司（以下简称浙能滨电）为区域供能核心的综合能源供应模式。目前供热规模 2500 吨/小时，远期设计供热能力 3200 吨/小时，集中供压缩空气 3000 标准立方米/分钟，年供压缩空气产能 10.26 亿标准立方米，总投资约 71.64 亿元。

2. 技术方案

根据用户需求和当地资源状况，因地制宜科学配置用能结构，实现热、电、压缩空气、光伏等多种能源的定制化、一体化集成供能；利用先进技术和管理模式，构建多能互补、梯级利用、智能化的能源供应及管理系统，实现“生态循环、梯级利用”的科学用能；建设智慧能源管理平台，建立供热系统全过程仿真模型，打造以互联网技术和大数据技术为支撑的能源网络体系，以用户为中心实现供能端、用能端的深度互动，推动传统工业园区向智慧园区转型。

3. 特色与创新

商业模式。以高效环保的大型发电机组、清洁能源/可再生能源站、分布式能源供应点为区域能源供应中心，以电力、热力、压缩空气等构成的微能源网为骨架，以智能化用能设施为终端，以智慧能源管理系统为平台，构建一个平台端、供能端和服务端有机协同的区域综合能源供应和服务体系。

解决方案。构建集成于微信公众号内的在线用户服务系统（掌上热力APP），除提升用户服务体验外，进一步提高企业内部业务流程效率。建立供热系统全过程仿真模型，通过实时仿真对供热系统的运行状态进行全面软测量，并在仿真系统内进行各种假设分析。在热源侧，基于互联互通的热网，通过在多热源间优化负荷分配，提高机组运行效率，降低污染物排放；在热网侧，通过优化运行方式，改善设备检修维护水平，降低热网损耗；在需求侧，通过开展负荷预测，促进供需动态平衡。

4. 效益分析

经济效益。智慧供热生产管理与运行调度平台通过“源—网—荷”协同运行优化调度实现综合节能 1%（网损 3%降至 2.97%），每年经济效益约 441 万元。

环境效益。集中供热后与重点地区限值相比，每年可减少颗粒物排放 509291 吨，减少二氧化硫排放 42899 吨，减少氮氧化物排放 2814 吨，减少二氧化碳排放约 2044677 吨。

社会效益。浙能滨电对外供压缩空气量超 2000 立方米/分钟，供应厂家达 38 家，覆盖滨海印染集聚区三分之二的热用户。该项目充分发挥区域核心能源集供的优势，及高效能大机组参数高、效率高、环保排放标准高等优势，有效降低系统整体污染排放水平，实现园区循环经济发展。土地利用方面，以集聚区第三批 15 家经整合的印染企业为例，从 55 家集聚整合为 15 家，总计占地面积减少约 70%。

5. 经验与建议

由于较难获得管道路由规划，集中供压缩空气项目难以铺设大规模管网。而分布式光伏项目，可开发屋顶资源非常有限，已开发屋面使用年限较久，存在安全隐患，且后期的维保成本较高。因此，开展园区综合能源服务还需地方政府、供能企业、用能企业多方协作，构建互利共赢的发展格局。

案例 5

汪清县域开发“样板房”综合智慧能源项目

摘要：该项目通过吉林省汪清县综合智慧能源开发，改善县域能源结构，形成绿色发展方式和生活方式，打造新的经济增长极，推动乡村振兴。到 2025 年，汪清县将新增分布式光伏装机 20 万千瓦，初步形成国家级整县分布式光伏建设框架和发展机制，整县分布式光伏开发利用水平达到全国前列。到 2028 年，将汪清县打造成为分布式光伏县域开发全国样板，设计分布式光伏装机 50 万千瓦，年发电量 6 亿千瓦时，年发电收益 2. 24 亿元。试点还将积极实践“光伏+”、绿色电力替代、“三网融合”、储能等。

1. 项目概况

汪清县面积 9016 平方千米，全年总日照时数 2234 小时。吉林吉电新能源有限公司基于汪清县资源禀赋和光伏发展基础，开展汪清县域“样板房”综合智慧能源项目建设，促进分布式光伏规模化开发，优化汪清县能源供给结构，落实清洁能源消纳任务，着力构建现代清洁能源体系，推动产业振兴和美丽乡村建设。

2. 技术方案

该项目建设一套能源、政务、社群“三网融合”管控平台系统（图 8），实现分布于不同地点的光伏、电锅炉供热、智慧路灯、智慧座椅及配电系统集中监控管理，并与政务、社群等办公系统融合，将能源、政务和社群信息服务的数据、报警等信息都统一存储在园区数据库服务器，使其具有查询、显示、打印、管理等功能。能源区域的视频信号也可接入管控平台系统进行监视。

平台系统采用国家电投自主开发的“天枢一号”平台，展示乡镇相关

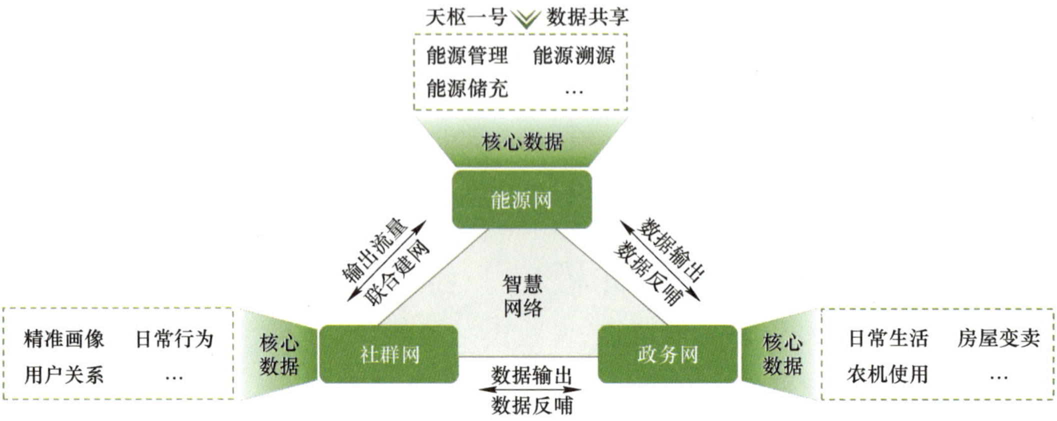

图 8 “三网融合”管控平台系统

数据信息。利用天枢系统，实现分布于不同地点的光伏、智慧路灯、智慧座椅、配电系统等集中监控管理，并通过共享和分析综合智慧能源项目内数据，使其管理智能化、集成化、远程化、图形化；进而通过区域级性能计算及分析，实现对该项目的总体集成和动态管理，提升项目能源综合利用率，降低碳排放。

3. 特色与创新

打造了央企与地方政府合作新标杆。与汪清县人民政府共同设立合资公司，统筹开发汪清县域资源，根据不同项目业主的生产经营性质和特点，制定多种方式的合作方案。针对工商企业，鼓励屋顶业主以场址租金方式入股，双方成立合资公司共同开发屋顶光伏项目，降低项目运营成本，提高项目抗风险能力；针对党政机关、学校、医院等公共建筑，依托县政府主导合作方，统筹公共产区租赁费用管理，以租赁费用参股，简化租赁方式，缩短开发周期；针对村民自建的户用屋顶光伏项目，在项目开发建设阶段提供规划和设计方案咨询，在生产运维阶段开展运行、检修等相关业务培训，对安全运营和现场维检提供技术支持。

4. 效益分析

经济效益。汪清县域开发“样板房”项目总投资约 21 亿元，年售电收入约 2.24 亿元。自发自用模式下，为企业提供折扣电价，目前已投运项目年均可为用电企业节约电费约 960 万元。

环境效益。项目建成后年发电量约 6 亿千瓦时，年可节约标准煤约 18.4 万吨，可减排二氧化碳约 1382 吨、二氧化硫约 1382 吨、氮氧化物约 1441 吨、烟尘约 241 吨。

社会效益。该项目致力于发展清洁能源，改善能源结构。随着汪清县经济快速发展，能源消耗总量不断增长，可在提高人民生活品质和幸福指数的同时，实现能源清洁利用，促进人与自然和谐共生。

5. 经验与建议

综合智慧能源项目作为一种新兴业态，缺乏统一的设计、建设、运营和管理标准，没有成熟的开发模式和商业模式，严重制约项目开发。建议统筹各方资源，建立综合智慧能源项目数据库，将各单位开发及运营综合智慧能源项目的各种数据进行梳理，然后上传至统一的数据库，为后续项目开发及运营提供参考。

案例 6

日照港换电重卡与源网荷储换电站综合智慧能源项目

摘要：国家电力投资集团与山东港口集团就换电重卡、光伏、风电和综合能源等领域加强合作，国家电力投资集团以光伏风电、换电重卡等方面的领军优势和山东港口庞大的自身市场、应用场景优势，建立合作机制，以日照港为试验基地，结合港内外业务场景做好综合能源利用规划，打造“换电重卡与源网荷储换电站”综合智慧能源项目，并以此为模式和典范，制定山东港口综合能源总体设计，培育相关新兴产业。

1. 项目概况

在山东省日照港以推广绿电交通和换电站为核心，建设新能源电站，打造源网荷储一体化零碳港口。规划建设 223 兆瓦光伏、100 兆瓦风电、60 兆瓦/120 兆瓦时储能及 25 座左右重卡换电站，可供 980–1230 辆重卡运营使用。该项目规划分三期建设，预计投资总额约 25 亿元。

2021 年 11 月山东港口首座智能充换电站，日照港 1 号智能充换电站在日照港正式启用。该站采用 10 工位设计，可实现全自动换电；整车换电流程约 5 分钟，较传统充电模式节约 1 小时；结合智能换电调度系统，服务能力可达 200 余次/天，可充分保证港口短倒车辆全天高效运营。而且，通过智能硬件终端车联网通信盒（T-BOX）数据上传云平台，可实现车辆实时定位及行驶轨迹、运行时长和里程数据的跟踪，真正建立起“现状可查、风险可辨、未来可测”的智能管控模式。

2. 技术方案

综合考虑日照港用能情况和资源禀赋，采用总体规划、分步实施的方式，分 2021 年、2022—2023 年、2024—2026 年三期实施，规划在 2030 年前将日照港打造为零碳港口。

3. 特色与创新

创新商业模式。采用独特的车电分离模式（图 9），电池由国家电力投资集团启源芯动力持有（全周期保障）并租赁给客户使用，日照港或物流运营商只需一次性支付或租赁不含电池的车体，该模式可大幅减少客户初期投资，有效解决电动重卡价格高昂的痛点。物理上实现电池的全自动快速更换，保障电动重卡在高频短倒运输场景下的高效不间断运营，提高回报率和便利性。

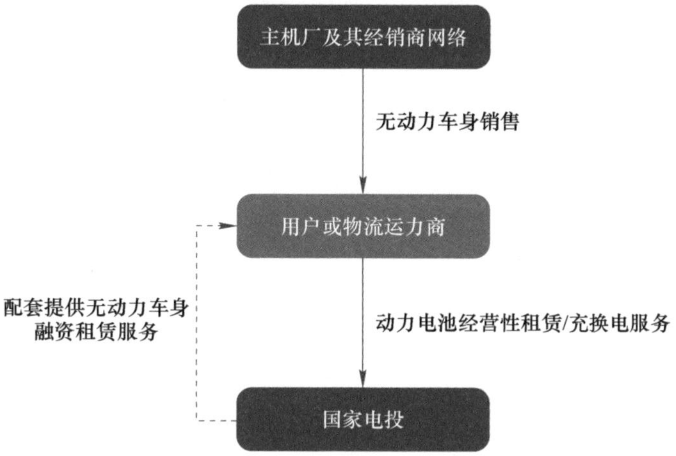

图 9　换电商业模式图

4. 效益分析

经济效益。该项目自发自用，余电上网，分别按 100%、80%消纳测算。项目建设期间静态总投资约 24.874 亿元，储能电站所需回收期 8.45 年，内部收益率 11.55%；分布式光伏投资回收期、内部收益率分别为 7.85 年、28.05%（100%消纳）或 8.45 年、23.12%（80%消纳）；分散式风电投资回收期、内部收益率分别为 6.56 年、52.27%（100%消纳）或 6.79 年、47.7%（80%消纳）。

环境效益。该项目建成后，平均每年可提供清洁电能 5.4 亿千瓦时，节约原煤 22.68 万吨，减少二氧化硫排放约 0.31 万吨，一氧化碳排放约

43.24 吨，二氧化碳排放约 38.56 万吨。

社会效益。该项目工程在建设期间，将提供更多的就业岗位，同时，给日照港提供低价电力，并推动上下游产业链发展；该项目建设单位在取得投资效益的同时，将给国家和当地政府创造大量税收和财政收入，促进当地经济发展。

5. 经验与建议

针对已申报成功的源网荷储一体化项目，其中光伏、风电部分可能无法通过项目核准/备案，增加了项目实施的不确定性，建议审批部门针对完成申报的源网荷储项目给予优先支持和指标倾斜。建议政府为换电站项目提供企业所得税优惠和相关奖补政策支持。

案例 7

九江石化“智慧炼化”项目[①]

摘要：“十二五”时期以来，九江石化以中央数据库（ODS）为支撑，集成制造执行系统（MES）、企业资源计划管理系统（ERP）、实验室信息管理系统（LIMS）等重要数据，建立基于核磁技术的原料油快评系统，开发主装置机理国产模型，推广自动程序控制（APC）应用，试点实时优化（RTO），实现炼油全流程优化、一体化联动优化功效，生产运营由传统经验模式转变为协同优化模式，助推企业经济效益稳步提升。

1. 项目概况

九江石化是国内最早开展智慧炼厂建设的石化企业，也是国家认可的首批石化领域智能制造示范企业。九江石化坚持创新驱动两化融合战略，以“原创、高端、引领”为方向，以“提高发展质量、提升经济效益、支撑安全环保、固化卓越基因”为目标，将现代信息技术与石化生产最本质环节紧密结合，从理念到实践、从实践到示范、从示范到标杆，探索出了一条适合石化流程型企业开展数字化、网络化、智能化制造的路径，并在“计划调度、安全环保、能源管理、装置操作、信息技术管控”5个领域推广智能化技术应用，初步形成了数字化、网络化、智能化制造框架（图10），大幅提升了企业经济效益和管理效率。

2. 技术方案

九江石化智慧炼厂建设内容包括：运用物联网、云计算、移动宽带网络、三维数字化、大数据、移动平台等先进信息技术，围绕“建设千万吨

---

① 资料来源：中国石化九江石化公司。

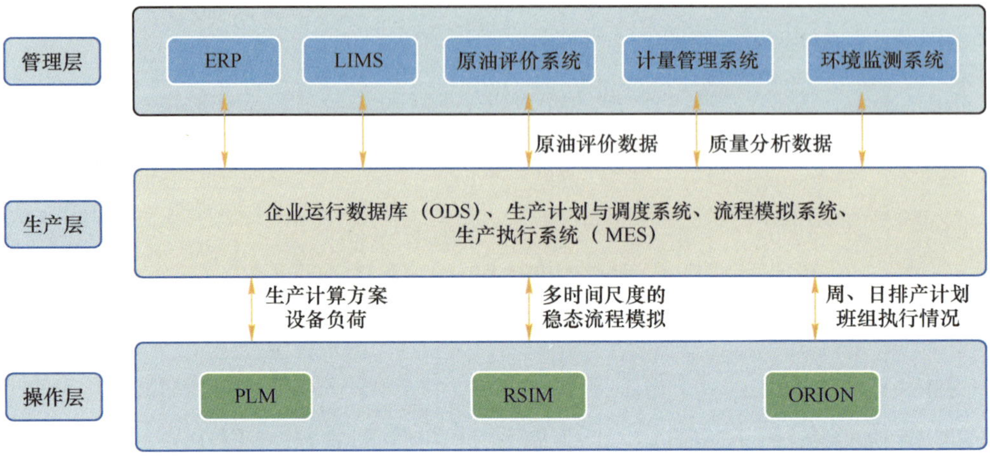

图 10　九江石化智能制造的信息系统一体化模式图

级绿色智能一流炼化企业”目标，在已建成的经营管理、生产运行、信息基础设施与运维“三大平台”基础上，在经营管理、生产运行、安全环保、设备管理、IT 基础设施等领域开展智能工厂建设，完善和提升以 ERP 为核心的经营管理平台、以 MES 为核心的生产运行平台、以现代信息技术为重点的信息基础设施与运维平台，新建集中集成平台、应急指挥平台、数字化炼厂平台（图 11）。

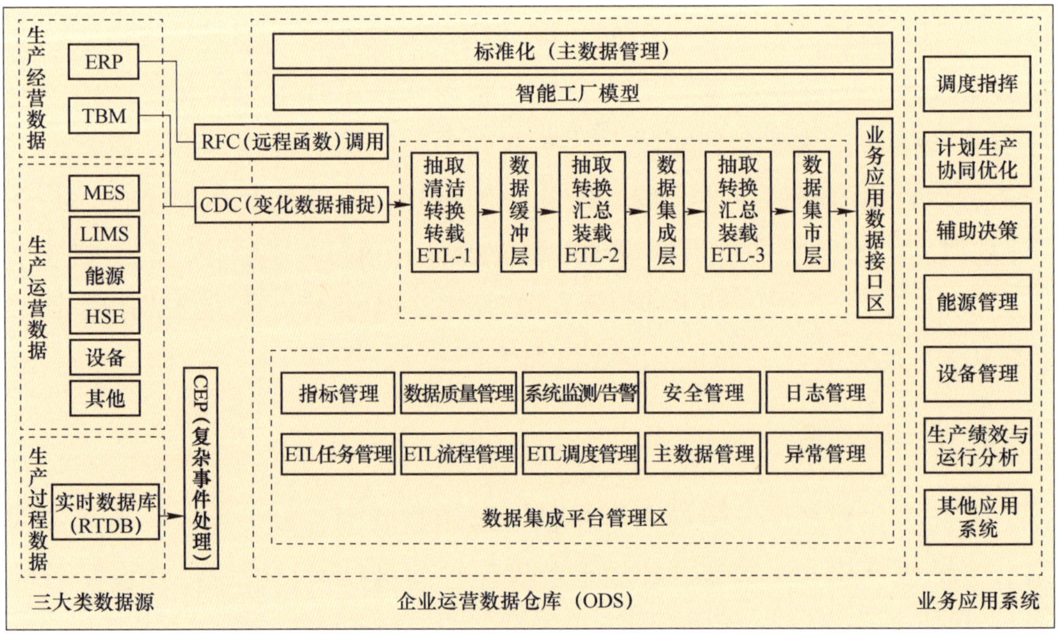

图 11　九江石化智慧炼厂集中集成图

3. 模式创新

九江石化以“平台+数据+服务”的建设模式，于2016年联合华为推出了石油和化工工业互联网平台（ProMACE）石化智云，其以智能工厂为核心，覆盖智能油气田、智能研究院等领域；以智能物流、智能服务为纽带，与智慧园区、智慧城市融为一体，形成了传统行业与信息技术深度融合的新模式、新业态，创新九江石化智能炼厂服务模式（图12）。

图12　九江石化智慧炼厂服务模式图

4. 效益分析

经济效益。经过一系列智能化布局、数字化转型、智能化发展助推九江石化结构调整和两化深度融合，设备自动化控制率达95%，生产数据自动采集率在95%以上，运行成本减低22.5%，能耗降低2%，软硬件国产化率达到95%，有效提高企业核心竞争力。“十二五”时期，企业累计加工原油2485万吨，实现销售收入1473亿元，上缴税费292亿元，账面利润、吨油利润均位居沿江炼油企业首位。“十三五”时期，企业经营业绩持续提升，滚动测算案例1800余个，增效约8亿元，累计盈利57亿元。

环境效益。通过智能工厂建设，实时采集污染源、环境质量等信息，构建全方位、多层次、全覆盖的环境监测网络，实现污染物产生、处理、排放等全过程闭环管理。2020年，九江石化外排废水达标率100%，有控废气达标率100%，危险废物妥善处理率100%。其中，外排达标污水化学需氧量（COD）控制在40毫克/升以下，主要污染物排放指标达到业内领先水平。

社会效益。九江石化“智慧炼化”模式是传统炼厂与先进信息技术融合创新的典型案例，利用现代信息技术及互联网平台，改变能源加工、管理、运输等方式，对炼化行业发展具有显著的驱动作用，为大数据分析、机器学习和预测等技术的发展提供了广阔的应用空间。

5. 经验与建议

经过多年信息化建设，智慧炼厂信息应用系统数量较多且各自为政，存在信息孤岛现象。建议建立相应的信息共享机制，统一数据标准，做到数出同源，通过对数据的深度挖掘分析，为企业决策提供辅助支持。

案例 8

华北油田“智慧油田”项目①

摘要：项目打造基于云计算的勘探开发一体化整体技术架构和统一共享的数据资源池，实现复杂环境下专业软件的云化集成与应用；构建基于“互联网+”技术的油田生产多维管控模型，实现生产管理层级简化及劳动用工少人化；应用互联网协议第六版（IPv6）技术建设油田企业“宽带接入、电视传输、数据专网的三网融合”高速智能承载网络，将移动通信技术应用于恶劣环境下的远程作业监控、专家远程诊断和生产指挥；自主研发智慧员工系统，实现了员工智慧的积累与共享。

1. 项目概况

华北油田“智慧油田”项目自 2010 年始，以国家发展改革委《下一代互联网技术在智慧油田建设中应用示范》为依托，总投资 2.946 亿元。该项目基于“智慧油田建设”战略发展理念，将大数据、云计算、物联网及移动通信技术创新性地应用到石油勘探开发领域的提质增效发展模式上，攻关形成 13 项配套技术，实现对油气田企业科研体系、生产工艺流程、管控模式、人力资源、运维方式、矿区管理与服务方式的重构，打造石油新兴业态。

2. 技术方案

华北智慧油田实施“14511”工程建设（图 13），“1”是重构油田生产管控模式，即油田生产数字化建设（图 14）；“4”是夯实四项信息化基础，即高速智能承载网、数据资源池、云计算中心、专业应用软件集成（图 15）；“5”是集成五类应用系统，即智慧地质、智慧工程、智慧管理、

---

① 资料来源：中国石油华北油田公司。

智慧矿区（图 16）、智慧员工（图 17）五大平台；两个“1”分别是形成一套智慧油田标准规范、筑牢一套信息安全保障体系。

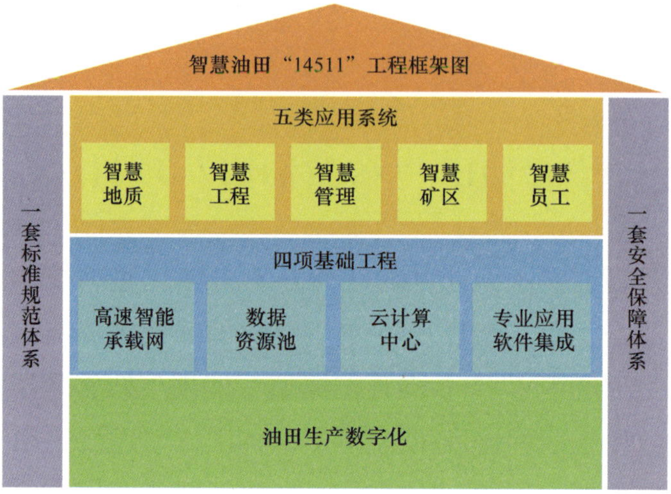

图 13 智慧油田“14511”工程框架图

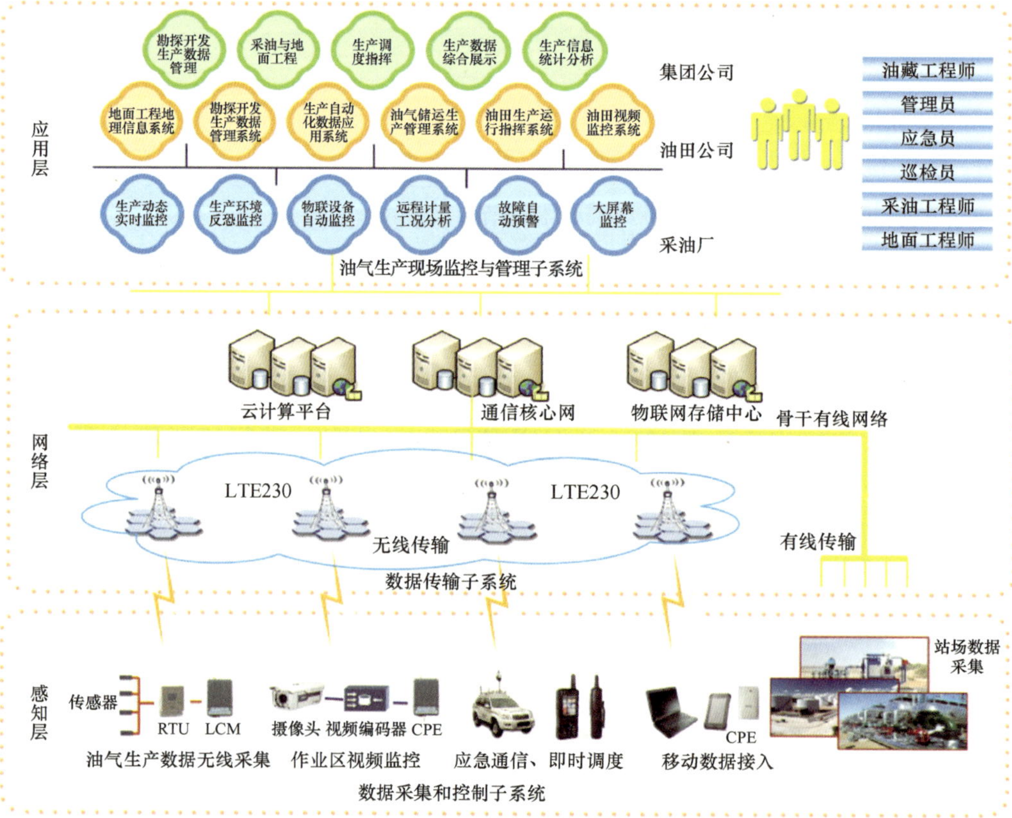

图 14 华北油田“智慧油田”数字化建设

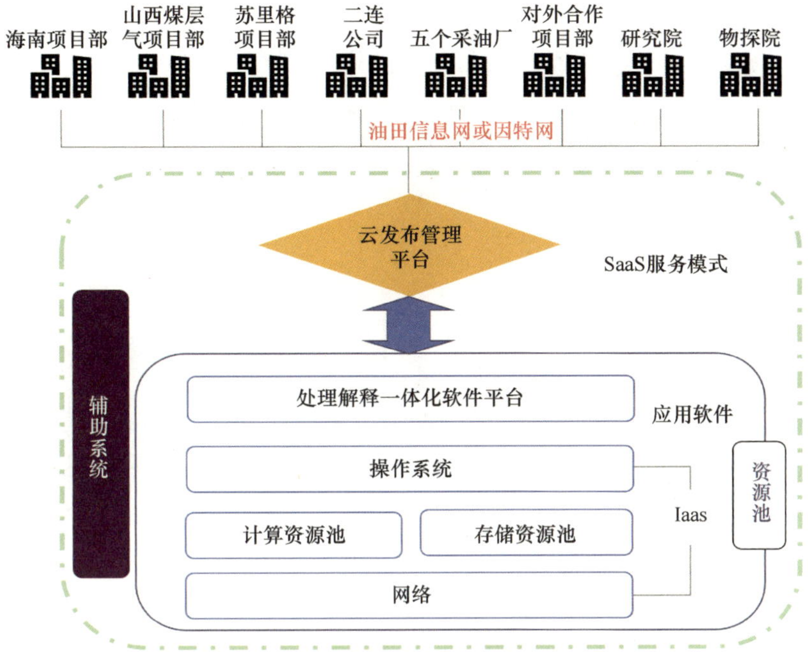

图 15　华北油田地质研究云计算平台体系结构

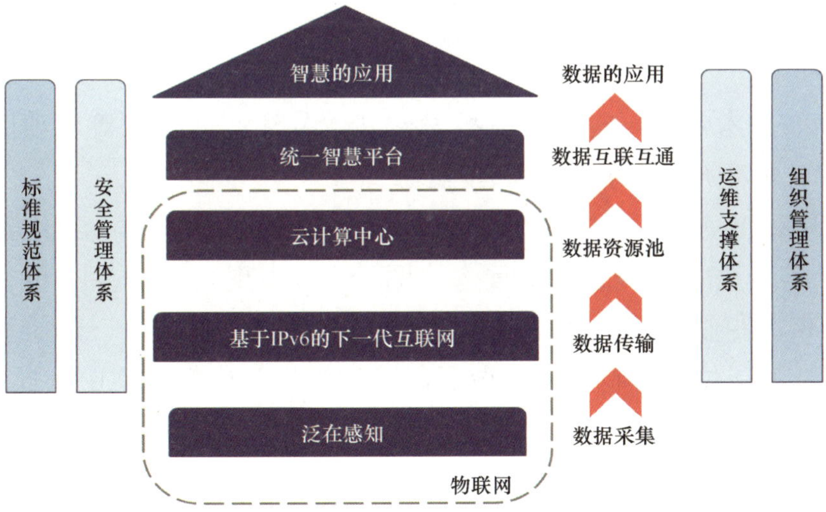

图 16　华北油田智慧矿区整体架构图

3. 特色与创新

技术创新。二连高寒油田建设中，成功开发应用低品位复杂断块高效建产技术、薄油层水平井开发技术、稠油油藏有效开发技术、低压无动力

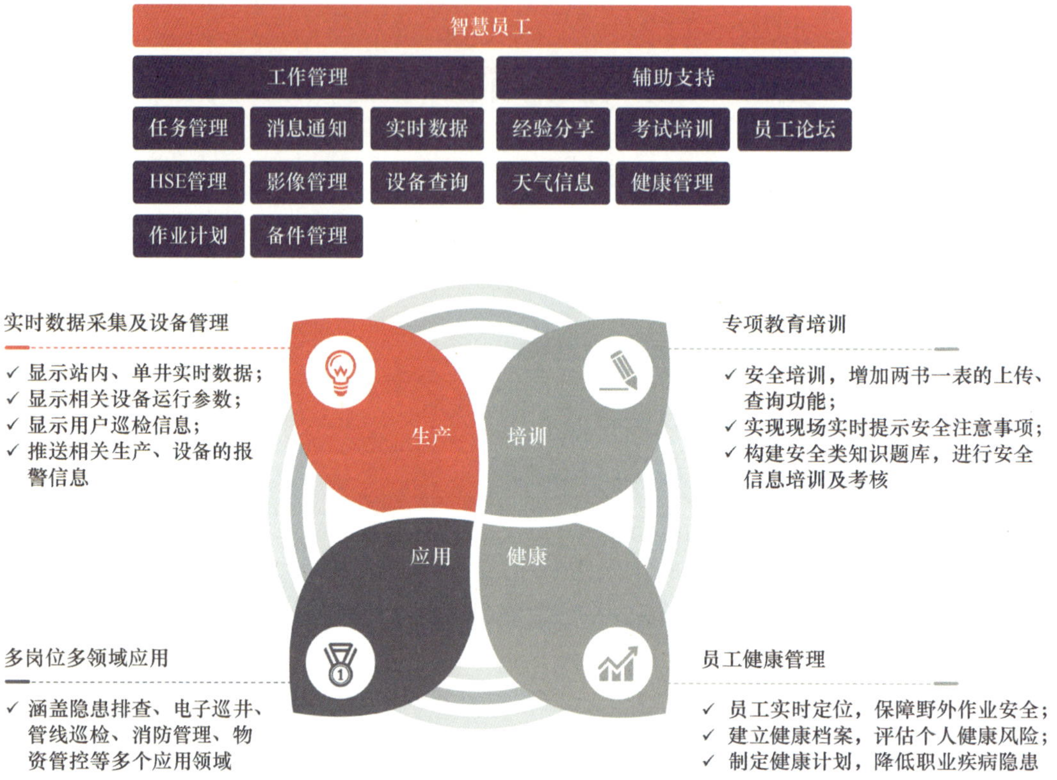

图 17　智慧员工系统示意图

套管气回收技术螺杆泵直驱电机技术、高效分注测调技术等十项国内先进工艺技术，实现原油年产量 80 万吨稳产。

管理模式。实现了“生产流程、管理层级、人力资源、组织运维、数据运用、跨专业融合”的 6 个重构（图 18），表现出“一少（值守型岗位少）、一专（专业化运维管理）、两集中（指挥型工作集中、运维型工作集中）”的新型岗位配置特点，形成了以站控中心为中枢的集中管控模式。

4. 效益分析

经济效益。采油系统效率提升 1.5%，综合经济效益 1685 万元，注水站优化节电 36.8 万千瓦时，节约电费超过 28 万元。设备设施年利用 90 台（套）以上，节约投资 1000 万元以上。同时，联合 5G 公司开展的油气生产物联网相关的应用示范，预计建成后每年可节约运营维护成本 1.2 亿元。

环境效益。华北油田公司先后组织开展 19 项公司级大数据科研项目攻关，形成抽油机井能耗分析、故障智能预警等多项大数据分析技术成果，

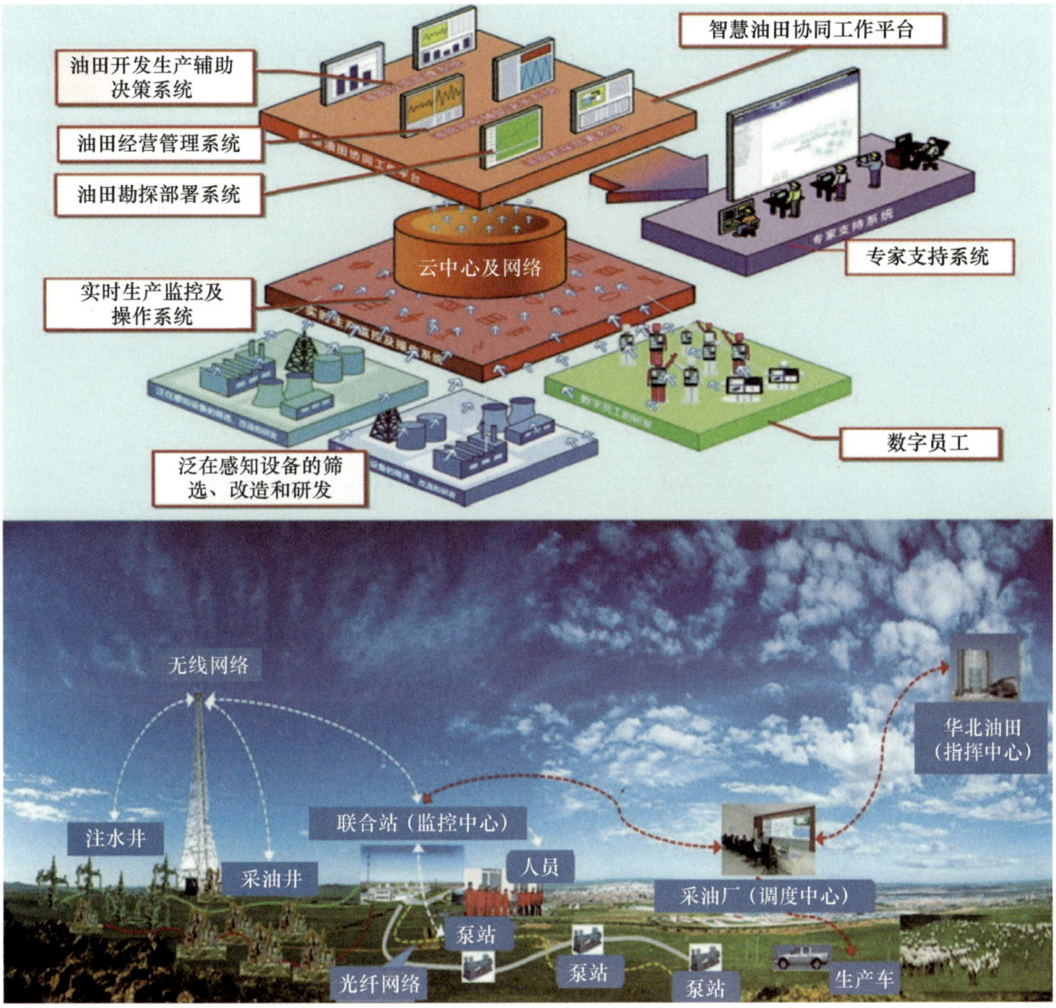

图 18　二连智慧油田示意图

辅助实现年节电 399 万千瓦时、增油 1.4 万吨。

社会效益。先后培育出 20 多个精益创新示范团队；“十二五”时期获得省部级及以上科技奖励 131 项，获得授权专利 530 件，形成国内领先技术 5 项、特色配套技术 6 项。其中，古潜山碳酸盐岩勘探开发技术、地层岩性油藏勘探开发技术等处于国内先进水平。

5. 经验与建议

建立以数据为核心的智慧化发展格局，将以流程为工作核心的方式转变为以数据为核心的发展格局。运用大数据技术开展数据挖掘，将更多数据转变为有价值的信息。构建适应智慧化的管理模式，积极应对信息技术快速发展的趋势。培养专业的智能化人才队伍，一方面积极引进信息专业人才，另一方面加强员工对智能化模式、数字化技术应用的教育培训。

附　　录

（一）2021—2022 年上半年能源供给领域相关政策文件

序号	发布机关	发布时间	文号	文件名称
❶	国家发展改革委、国家能源局 国务院办公厅转发	2022/5/30	国办函〔2022〕39 号	《关于促进新时代新能源高质量发展的实施方案》
❷	国家发展改革委、国家能源局	2022/5/24	发改办运行〔2022〕475 号	《关于进一步推动新型储能参与电力市场和调度运用的通知》
❸	国家发展改革委、国家能源局等 6 部委	2022/4/9	发改运行〔2022〕559 号	《煤炭清洁高效利用重点领域标杆水平和基准水平（2022 年版）》
❹	国家发展改革委、国家能源局	2022/1/30	发改能源〔2022〕206 号	《关于完善能源绿色低碳转型体制机制和政策措施的意见》
❺	国家发展改革委、国家能源局	2022/1/29	发改能源〔2022〕209 号	《“十四五”新型储能发展实施方案》
❻	国家发展改革委、国家能源局	2022/1/29	发改能源〔2022〕210 号	《“十四五”现代能源体系规划》
❼	国家发展改革委、国家能源局	2022/1/18	发改体改〔2022〕118 号	《关于加快建设全国统一电力市场体系的指导意见》
❽	国家发展改革委、国家能源局	2021/10/29	发改运行〔2021〕1519 号	《关于开展全国煤电机组改造升级的通知》
❾	国家发展改革委、国家能源局等 9 部委	2021/10/21	发改能源〔2021〕1445 号	《“十四五”可再生能源发展规划》
❿	国家发展改革委、国家能源局等 5 部委	2021/10/18	发改产业〔2021〕1464 号	《关于严格能效约束推动重点领域节能降碳的若干意见》

续表

序号	发布机关	发布时间	文号	文件名称
⑪	国家发展改革委、国家能源局等 3 部委	2021/8/11	发改能源〔2021〕1190 号	《2021 年生物质发电项目建设工作方案》
⑫	国家发展改革委、国家能源局等 4 部委	2021/6/7	发改能源〔2021〕807 号	《能源领域 5G 应用实施方案》
⑬	国家发展改革委、国家能源局	2021/5/31	发改办运行〔2021〕445 号	《关于做好新能源配套送出工程投资建设有关事项的通知》
⑭	国家发展改革委、国家能源局	2021/5/21	发改能源〔2021〕704 号	《关于 2021 年可再生能源电力消纳责任权重及有关事项的通知》
⑮	国家发展改革委、国家能源局	2021/2/25	发改能源规〔2021〕280 号	《关于推进电力源网荷储一体化和多能互补发展的指导意见》
⑯	国家发展改革委、国家能源局	2022/3/23	规划文件	《氢能产业发展中长期规划（2021-2035 年）》
⑰	国家能源局、科学技术部	2021/11/29	国能发科技〔2021〕58 号	《“十四五”能源领域科技创新规划》
⑱	工业和信息化部	2021/11/15	工信部规〔2021〕178 号	《“十四五”工业绿色发展规划》

（二）政策要点汇编

1.《关于促进新时代新能源高质量发展的实施方案》

主要目的	·锚定到 2030 年中国风电、太阳能发电总装机容量目标，加快构建清洁低碳、安全高效的能源体系。
内容要点	·围绕新能源发展的难点、堵点问题，提出了 7 方面 21 项具体政策举措； ·坚持“先立后破、以立为先”，通过一揽子政策支持措施，重点解决新能源“立”的问题。

关键举措	· 创新新能源开发利用模式； · 加快构建适应新能源占比逐渐提高的新型电力系统； · 深化新能源领域“放管服”改革； · 支持引导产业健康发展； · 保障合理空间需求； · 充分发挥生态环境保护效益； · 完善财政金融政策。

2.《关于进一步推动新型储能参与电力市场和调度运用的通知》

主要目的	· 进一步明确新型储能市场定位，建立完善相关市场机制、价格机制和运行机制，提升新型储能利用水平，引导行业健康发展。
内容要点	· 建立完善适应储能参与的市场机制，鼓励新型储能自主选择参与电力市场，坚持以市场化方式形成价格； · 持续完善调度运行机制，发挥储能技术优势，提升储能总体利用水平，保障储能合理收益，促进行业健康发展。
关键举措	· 新型储能可作为独立储能参与电力市场； · 鼓励配建新型储能与所属电源联合参与电力市场； · 加快推动独立储能参与电力市场配合电网调峰； · 充分发挥独立储能技术优势提供辅助服务； · 优化储能调度运行机制，坚持以市场化方式为主优化储能调度运行； · 进一步支持用户侧储能发展； · 建立电网侧储能价格机制。

3.《煤炭清洁高效利用重点领域标杆水平和基准水平（2022 年版）》

主要目的	· 推动煤炭清洁高效利用，促进煤炭消费转型升级，对标实现碳达峰、碳中和目标任务。
内容要点	· 设定了重点领域的煤炭清洁高效利用的标杆水平和基准水平。
关键举措	· 聚焦重点领域，扎实推进煤炭清洁高效利用； · 合理设置标杆水平和基准水平，规范行业高质量发展； · 分类引导，促进煤炭清洁高效利用水平整体提升； · 政策标准协同，为煤炭清洁高效利用转型升级提供保障。

4.《关于完善能源绿色低碳转型体制机制和政策措施的意见》

主要目的	· 深化能源领域体制机制改革创新，加快构建清洁低碳、安全高效的能源体系，促进能源高质量发展和经济社会发展全面绿色转型，为科学有序推动如期实现碳达峰、碳中和目标和建设现代化经济体系提供保障。
内容要点	· 提出完善能源绿色低碳转型体制机制的总体要求、重点任务和政策措施； · 提出电力市场化改革体制机制和政策措施，围绕构建新型电力系统提出了电力市场化改革的新方向和着力点。
关键举措	· 完善国家能源战略和规划实施的协同推进机制； · 完善引导绿色能源消费的制度和政策体系； · 建立绿色低碳为导向的能源开发利用新机制； · 完善新型电力系统运行机制与化石能源清洁高效开发利用机制； · 健全能源绿色低碳转型安全保供体系； · 建立支撑能源绿色低碳转型的科技创新体系与财政政策保障机制； · 促进能源绿色低碳转型国际合作； · 完善能源绿色低碳发展相关治理机制。

5.《“十四五”新型储能发展实施方案》

主要目的	· 深入贯彻落实“四个革命、一个合作”能源安全新战略，实现碳达峰、碳中和战略目标，支撑新型电力系统构建，加快推动新型储能高质量规模化发展。
内容要点	· 从技术创新、试点示范、规模发展、体制机制、政策保障、国际合作等 6 大方向对“十四五”新型储能发展的重点任务进行部署。
关键举措	· 注重系统性谋划储能技术创新； · 强化示范引领带动产业发展； · 以规模化发展支撑新型电力系统建设； · 以体制机制促进市场化发展； · 着力健全新型储能管理体系； · 推进国际合作提升竞争优势。

6.《“十四五”现代能源体系规划》

主要目的	· 加快构建现代能源体系，保障国家能源安全，力争如期实现碳达峰、碳中和，推动实现经济社会高质量发展。

内容要点	·从增强能源供应链安全性和稳定性、能源生产消费方式绿色低碳变革、提升能源产业链现代化水平3大方面，推动现代能源体系构建。
关键举措	·强化战略安全保障、提升运行安全水平、加强应急安全管控； ·大力发展非化石能源、推动构建新型电力系统； ·减少能源产业碳足迹、完善能耗“双控”与碳排放控制制度； ·合理配置能源资源； ·统筹提升区域能源发展水平、积极推动乡村能源变革； ·提升能源产业链现代化水平； ·增强能源治理效能； ·构建开放共赢能源国际合作新格局。

7.《关于加快建设全国统一电力市场体系的指导意见》

主要目的	·加快建设全国统一电力市场体系，实现电力资源在更大范围内共享互济和优化配置，提升电力系统稳定性和灵活调节能力，推动形成适合中国国情、有更强新能源消纳能力的新型电力系统。
内容要点	·优化电力市场总体设计，健全多层次统一电力市场体系，统一交易规则和技术标准，破除市场壁垒，推进适应能源结构转型的电力市场机制建设。
关键举措	·建设国家电力市场，引导各层次电力市场协同运行； ·统一交易规则和技术标准，健全电力市场交易机制； ·提升市场对新能源的适应性，推动新能源全面参与市场； ·完善中长期合同市场化调整机制，缩短交易周期，提升交易频次。

8.《关于开展全国煤电机组改造升级的通知》

主要目的	·推动能源行业结构优化升级，进一步提升煤电机组清洁高效灵活性水平，促进电力行业清洁低碳转型，助力全国碳达峰、碳中和目标如期实现。
内容要点	·明确了煤电机组改造升级的指导思想、基本原则和主要目标，从节能提效改造、供热改造、灵活性改造、淘汰关停低参数小火电、规范自备电厂运行、优化机组运行管理、严格新建机组准入等方面提出了实施路径。

关键举措	·推动煤电机组节能提效升级和清洁化利用； ·开展煤电机组供热改造； ·加快实施煤电机组灵活性制造与改造； ·淘汰关停低参数小火电； ·规范燃煤自备电厂运行； ·优化煤电机组运行管理； ·严格新增煤电机组节能降耗标准； ·加大对节能降耗改造机组政策支持。

9.《“十四五”可再生能源发展规划》

主要目的	·深入贯彻“四个革命、一个合作”能源安全新战略，落实碳达峰、碳中和目标，推动可再生能源产业高质量发展。
内容要点	·锚定碳达峰、碳中和目标，设置了 4 个方面的主要目标，主要从供给、消费、技术、体制、国际合作 5 个方面部署了重点任务。
关键举措	·优化发展方式，坚持因地制宜、生态优先开发可再生能源； ·促进存储消纳，高比例利用可再生能源； ·坚持创新驱动，高质量发展可再生能源； ·健全体制机制，市场化发展可再生能源； ·坚持开放融入，深化可再生能源国际合作。

10.《关于严格能效约束推动重点领域节能降碳的若干意见》

主要目的	·推动重点工业领域节能降碳和绿色转型，坚决遏制全国“两高”项目盲目发展，确保如期实现碳达峰目标； ·到 2025 年，通过实施节能降碳行动，冶金、建材重点行业与石化化工等重点行业能效达到标杆水平的产能比例超过 30%。
内容要点	·深挖节能降碳技术改造潜力，强化系统观念，推进综合施策，严格监督管理，加快重点领域节能降碳步伐，带动全行业绿色低碳转型。

关键举措	·分行业研究制定具体行动方案，明确节能降碳主要目标和重点任务； ·本着“就高不就低”的原则，对标国内外生产企业先进能效水平，确定各行业能效标杆水平； ·对产能已经饱和的行业按照“减量置换”原则压减产能； ·按照“整体推进、一企一策”的要求，明确推进步骤、改造期限、技术路线、工作节点、预期目标； ·提高重点行业技术装备绿色化、智能化水平； ·强化支撑体系建设； ·加强数据中心绿色高质量发展。

11.《2021 年生物质发电项目建设工作方案》

主要目的	·促进生物质发电等可再生能源行业健康发展；助力乡村振兴、加快农业农村现代化、建立健全绿色低碳循环发展经济体系。
内容要点	·按照“以收定补、央地分担、分类管理、平稳发展”的总体思路，围绕“2021 年补贴资金申报”和“生物质发电项目建设”两大主要任务，重点突出“分类管理”，推动生物质发电行业平稳健康发展。
关键举措	·补贴项目上分类管理，分非竞争配置和竞争配置两类分别切块安排补贴资金； ·央地分担上分类管理，按照各省（区、市）不同经济社会发展水平和生物质资源禀赋，科学合理确定不同的央地分担比例； ·在竞争配置中分类管理，农林生物质发电和沼气发电、垃圾焚烧发电两类分别切块安排补贴资金。

12.《能源领域 5G 应用实施方案》

主要目的	·贯彻落实党中央、国务院关于加快推动 5G 应用的相关部署要求，拓展能源领域 5G 应用场景，探索可复制、易推广的 5G 应用新模式、新业态，支撑能源产业高质量发展。
内容要点	·未来 3-5 年，围绕智能电厂、智能电网、智能煤矿、智能油气、综合能源、智能制造与建造等方面，拓展一批 5G 典型应用场景，探索形成一批可复制、易推广的有竞争力的商业模式。

关键举措	· 研究面向智能电厂的 5G 组网和接入方案，开展电厂 5G 无线网覆盖建设； · 加快研制 5G 通信终端、模块样机等行业定制化设备，研究电力行业的 5G 物联网设备操作系统标准； · 打造“云—边—端”的矿山工业互联网体系架构； · 打造扁平化油气生产、炼化生产物联网，在智能勘探、智能油气田、智能炼厂、智能管输等领域形成一批 5G 典型应用场景； · 依托 5G 网络实现电、气、冷、热多种能源灵活接入，构建“源—网—荷—储”互动调控体系； · 加快能源领域 5G 专用技术研发； · 加大相关基础设施和安全保障能力建设。

13.《关于做好新能源配套送出工程投资建设有关事项的通知》

主要目的	· 推动中国能源转型，满足新能源快速增长需求，避免风电、光伏发电等电源送出工程成为制约新能源发展的因素。
内容要点	· 高度重视新能源配套工程建设，采取切实行动，尽快解决并网消纳矛盾，满足快速增长的并网消纳需求； · 优先电网企业承建新能源配套送出工程，满足新能源并网需求，确保送出工程与电源建设的进度相匹配。
关键举措	· 高度重视电源配套送出工程对新能源并网的影响； · 加强电网和电源规划统筹协调； · 允许新能源配套送出工程由发电企业建设； · 做好配套工程回购工作； · 确保新能源并网消纳安全。

14.《关于 2021 年可再生能源电力消纳责任权重及有关事项的通知》

主要目的	· 贯彻落实碳达峰、碳中和任务，实现 2025 年非化石能源占一次能源消费比重提高至 20%左右的目标。
内容要点	· 针对各电网企业，提出了要密切配合省级能源主管部门，按照消纳责任权重组织调度、运行和交易等部门，做好可再生能源电力并网消纳、跨省跨区域输送和市场交易相关工作； · 发布了 2021 年各省（区、市）可再生能源电力消纳责任权重及 2022 年各省（区、市）可再生能源电力消纳责任权重预期目标。

关键举措	· 从 2021 年起，当年权重为约束性指标，各省按此进行考核评估，次年权重为预期性指标，各省按此开展项目储备； · 各省在当年未完成消纳责任权重的，可以将未完成的消纳责任权重累计到下一年度一并完成； · 各省可据各自经济发展需要、资源禀赋和消纳能力等，相互协商采取灵活有效的方式，共同完成消纳责任权重； · 对超额完成激励性权重的，在能源双控考核时按国家有关政策给予激励； · 各电网企业要切实承担组织责任，做好可再生能源电力并网消纳、跨省跨区域输送和市场交易。

15.《关于推进电力源网荷储一体化和多能互补发展的指导意见》

主要目的	· 着力构建清洁低碳、安全高效的能源体系，提升能源清洁利用水平和电力系统运行效率，贯彻新发展理念，更好地发挥源网荷储一体化和多能互补在保障能源安全中的作用。
内容要点	· 多措并举统筹推进源网荷储深度融合和多能互补协调发展，为确保安全前提下，提升电力工业清洁低碳水平和系统总体效率指明方向。
关键举措	· 优化整合本地电源侧、电网侧、负荷侧资源，以先进技术突破和体制机制创新为支撑，探索构建源网荷储高度融合的新型电力系统发展路径； · 充分发挥负荷侧的调节能力，依托“云大物移智链”等技术，进一步加强源网荷储多向互动； · 实现就地就近、灵活坚强发展，增加本地电源支撑，调动负荷响应能力； · 强化电源侧灵活调节作用，优化各类电源规模配比； · 推进源网荷储一体化，提升保障能力和利用效率； · 推进多能互补，提升可再生能源消纳水平。

16.《氢能产业发展中长期规划（2021-2035 年）》

主要目的	· 促进氢能产业规范有序高质量发展，加快构建清洁低碳安全高效的能源体系、实现碳达峰碳中和目标。
内容要点	· 明确了氢的能源属性，提出了氢能产业发展基本原则，提出了氢能产业发展各阶段目标，部署了推动氢能产业高质量发展的 4 项重要举措。

关键举措	·系统构建氢能产业创新体系，聚焦重点领域和关键环节，着力打造产业创新支撑平台，持续提升核心技术能力； ·统筹建设氢能基础设施，因地制宜布局制氢设施，稳步构建储运体系和加氢网络； ·有序推进氢能多元化应用，探索形成商业化发展路径； ·建立健全氢能政策和制度保障体系，完善氢能产业标准，加强全链条安全监管。

17.《“十四五”能源领域科技创新规划》

主要目的	·加快推动能源技术革命，支撑引领能源高质量发展，并将能源技术及其关联产业培育成带动中国相关产业优化升级的新增长点。
内容要点	·围绕先进可再生能源、新型电力系统、安全高效核能、绿色高效化石能源开发利用、能源数字化智能化等5大方面，确定了相关集中攻关、示范试验和应用推广任务。
关键举措	·研发更高效、更经济、更可靠的可再生能源先进发电及综合利用技术，支撑可再生能源产业高质量开发利用； ·加快战略性、前瞻性电网核心技术攻关； ·加强战略性、前瞻性核能技术创新，开展小型模块化反应堆、（超）高温气冷堆等新一代先进核能系统关键核心技术攻关； ·增强油气安全保障能力，开展常规油气和非常规油气勘探开发、输运和炼化领域相关关键核心技术攻关； ·开展能源领域用数字化、智能化共性关键技术研究。

18.《“十四五”工业绿色发展规划》

主要目的	·加快产业结构优化升级，大力推进工业节能降碳，积极推行清洁生产改造，提升绿色低碳技术、绿色产品、服务供给能力。
内容要点	·提出九个方面的重点任务：聚焦1个行动、构建2大体系、推动6个转型、实施8大工程。
关键举措	·实施工业领域碳达峰行动； ·推进产业结构高端化转型； ·加快能源消费低碳化转型； ·促进资源利用循环化转型； ·推动生产过程清洁化转型； ·引导产品供给绿色化转型； ·加速生产方式数字化转型； ·构建绿色低碳技术体系； ·完善绿色制造支撑体系。

中英文专业术语对照索引

结 束 语

能源是经济社会发展的基础和动力源泉，对国家繁荣发展、人民安居乐业和社会长治久安至关重要。**习近平主席强调，必须坚持统筹发展和安全，增强机遇意识和风险意识，树立底线思维。减排不是减生产力，也不是不排放，而是要走生态优先、绿色低碳发展道路，在经济发展中促进绿色转型、在绿色转型中实现更大发展**。

立足新发展阶段、完整准确全面贯彻新发展理念、构建新发展格局、推动高质量发展，新发展阶段的最基本、最关键、最深沉的“新”变化，就在于安全的分量加大、安全的意义凸显。在新发展阶段干事情、想问题，不仅要立足于发展，还要立足于安全，必须在更高层面、更广范围统筹发展和安全。未来中国既要高质量发展经济，又要保障能源供应安全，还要实现“双碳”目标，“经济发展—能源安全—减污降碳”这一“可能三角”是中国经济全面绿色转型和能源供给革命的必由之路，是建设能源强国的必然选择。

为深入探索中国能源供给革命道路，《中国能源革命进展报告　能源供给革命（2022）》总结了自 2015 年以来中国能源供给革命的进展和成效，系统梳理了能源供给革命向“多元化、清洁化、低碳化、全球化”纵深推进的一系列新做法和新方向，以及已经实践检验的、可推广和可复制的典型案例，希望为中国能源革命深入推进提供有价值的参考。期待本报告的发布进一步激发社会各界为中国能源高质量发展出谋出力的积极性。在此，我们诚挚地感谢各相关部门、研究机构、高等院校、行业学会、企业、国际机构，以及众多专家的大力支持和帮助。感谢冶金工业出版社等对报告校核、英文翻译、印刷出版等工作的大力支持。

特别要感谢以下院士在百忙之中对《中国能源革命进展报告　能源供给革命（2022）》编写工作的精心指导和无私奉献（按姓氏笔画排序）：

马永生　于俊崇　毛景文　刘　合　江　亿　汤广福

孙友宏　孙丽丽　杜祥琬　李　阳　邹才能　宋永华

武　强　金之钧　周孝信　郝　芳　贺克斌　贾承造

高德利　郭旭升　黄小卫　康红普　韩英铎　谢和平

感谢以下专家对《中国能源革命进展报告　能源供给革命（2022）》提出修改建议，以及在成稿过程中作出的贡献：

康重庆　孙耀唯　唐金荣　应光伟　刘劲松　朱兴珊

张道勇　李东东　隋　军　郑洪弢　郭树旺　朱　彤

王旭东　李仁如　孟凡达　徐　洁　邱建杭　杨　刚

Progress Report on China's Energy Revolution

Energy Supply Revolution

(2022)

Institute for Resources and Environmental Policy Studies
Development Research Center of the State Council of China

Beijing
Metallurgical Industry Press
2022

Progress Report on China's Energy Revolution

Energy Supply Revolution (**2022**)

Editorial Board

Supporting Institutions:

Energy Internet Research Institute, Tsinghua University
Huawei Technologies Co., Ltd.
China Coal Research Institute
Institute of Energy, Peking University
University of Macau
China University of Petroleum (East China)
Zhejiang University of Finance and Economics
Wuxi University
Huadian Electric Power Research Institute Co., Ltd.
China Electricity Technology Market Association

Translator:

GUO Xiaohui   SONG Yunfeng

Preface

Energy is the foundation of modern society, and the development of energy industry is a strong support for realization of national modernization. Promoting green and low-carbon transformation and high-quality development of energy is the main area for implementing the goals of "carbon peaking and carbon neutrality", as well as an important part of taking the Chinese-style modernization path. Since the 18th National Congress of the Communist Party of China, facing the complicated international and domestic environment, the Central Committee of the Communist Party of China with Comrade Xi Jinping at its core, with great foresight and, after meticulously examining the situation, has put forward and implemented the new energy security strategy featuring Four Reforms and One Cooperation, made a major strategic decision to promote the goals of "carbon peaking and carbon neutrality", set the new aim of building a powerful country of energy and clarified the development direction for China's green and low-carbon energy transition at the new development stage.

The five requirements of "Four Reforms and One Cooperation" are the core thoughts of China's new energy security strategy in the new era. In June 2014, President Xi Jinping while chairing the sixth meeting of the Central Leading Group for Financial and Economic Affairs, emphasized that energy security was an overall and strategic issue related to the country's economic and social development, and proposed five requirements, pushing forward energy consumption reform, energy supply reform, energy technology reform, energy system reform, as well as strengthening international cooperation across the board, which provides the fundamental guideline for ensuring national energy security. Out of the requirements, promoting energy supply reform and establishing a diversified supply system is an important aspect of China's energy revolution and a key focus of China's new energy security strategy. Energy security should be safeguarded mainly by diversified domestic supply. To this end, clean and efficient utilization of coal should be vigorously promoted, and the development of non-coal energy enhanced to form a diversified energy supply system composed of coal, oil, gas, nuclear energy, new energy and renewable energy. In the mean time, the construction of energy transmission and distribution network, as well as storage facilities should be strengthened.

To push forward energy revolution, it is of great importance to do well on the supply side, which is exactly the significance of President Xi Jinping's emphasis on the structural reform of the supply side. "Essentially, the ultimate goal of supply-side structural reform is to meet needs, with the focus on improving the quality of supply, and deepening reform as the fundamental approach." Supply reform is the foundation for China's energy revolution since energy supply determines energy consumption. Only when the energy supply is clean, low-carbon and lower emission, can the terminal energy consumption be green; only when the energy supply is diversified, coordinated and more resilient, can the terminal energy consumption be safe and efficient. The new energy security strategy featuring "Four Reforms and One Cooperation" is an aggregation with internal connections. The consumption reform is the key, for consumption is the purpose and driving force for production, which will push and guide supply structure adjustment and supply mode reform. Technological reform is the impetus, since scientific and technological innovation is the driving force behind either clean and efficient utilization of fossil energy or the large-scale promotion of non-fossil energy. System reform is the guarantee, since fundamental changes in energy supply, consumption, and technology must be based on an appropriate system and be adhered to the main theme of promoting the supply side structural reform in the energy sector to build a relation of production that is compatible with the development level of the forces of advanced energy production. At the same time, it is necessary deepen high level opening up, strengthen comprehensive international cooperation in the energy sector to significantly enhance China's discourse power and ability in fields of energy resources, which is not only the need of China's modernization, but also the need to promote the building of a fairer and more inclusive global energy governance system. The five "reforms" are mutually connected and mutually reinforcing, which must be implemented in a unified manner, and none of which should be neglected or replaced by another. If any of these reforms is not fully implemented, the progression of China's energy revolution will be affected.

Since the new energy security strategy was proposed, China's energy supply reform has embarked on a new journey on the road of green and low-carbon development. Energy production capacity has continued to expand and production structure optimize. Construction of supply bases has continued to advance and the level of clean and low-carbon production improve. The degree of intelligence has continued to increase and the flexibility in end-user supply rise. Transmission, distribution, storage and transportation capabilities have continued to improve, and supply security resilience strengthen. The supply side structural reform has continued to deepen, in accordance with the guidelines of Consolidating, Enhancing, Improving, and Smoothing, and the work of reducing excess capacity and shoring up the weak spots has been solidly advanced. With the pace of renewable energy development accelerated, clean and low-carbon energy has been exploited and utilized on a large scale, gradually taking the place of coal as the major energy source in the traditional energy mix. Since the 13th Five-Year Plan period, China's comprehensive energy self-sufficiency rate has stayed above 80%. In 2021, China's raw coal, crude oil, natural gas and power generation reached 4.13 billion tonnes, 199 million tonnes, 207.6 billion cubic meters and 8.5 trillion kilowatts respectively, and the total primary energy production reached 4.33 billion tonnes of standard coal. The cumulative installed capacity of non-fossil energy in China reached 1.12 billion kilowatts, an increase of 117% over that of 2015; the aggregated consumption of clean energy such as natural gas, hydropower, nuclear power, wind power, and solar power accounted for 25.5% of the total energy consumption, an increase of 7.5 percentage points over 2015.

Looking ahead to the future, the new energy security strategy will bring about new achievements in China's energy supply industry. The capacity to supply energy safely will continue to be improved, and the high-quality energy development will continue advancing, making China to gradually transform from a major country of energy to a powerful country of energy. China will continue to consolidate the foundation of safe energy production, focusing on promoting the protection of oil and gas pipelines, as well as strengthening power safety supervision, which will make the development much safer. With vigorous efforts being made to promote oil and gas exploration, the building of natural gas production, supply, storage and marketing systems being accelerated, the construction of storage facilities strengthened, and the connectivity between pipelines and the supply capacity enhanced, self-reliance in ensuring oil and gas supply will be significantly improved. To ensure energy supply and secure production, both international and domestic markets and resources should be made good use of in a coordinated manner, depending on the domestic market with domestic energy supply as the main source to ensure energy security while strengthening international cooperation, and deepening cooperation with the neighboring countries or regions in the energy sector, so to build a diversified supply system and ensure the national energy security in the opening-up environment.

To this end, the Development Research Center of the State Council of China has commissioned a group of senior specialists and scholars in the energy sector to systematically sort out and summarize, under the guidance of a series of important speeches, instructions and comments made by President Xi Jinping, the practices and explorations in China's energy supply reform conducted in and by various departments, regions, research institutions, colleges and universities, industrial associations, key enterprises, as well as the achievements that have been made since the strategic thought on China's energy revolution was promulgated. In view of the new development stage, the report analyzes the transformation paths of energy supply, going diversified, clean, low-carbon and global, and their prospects so to better serve China's "dual carbon" goals and provide reference support for China's strive for carbon peaking by 2030 and for the energy industry to make new achievements in the 14th Five-Year Plan period.

Contents

I. Achievements in China's Energy Supply Revolution

Since the 13th Five-Year Plan period, China has unswervingly promoted energy supply revolution and has achieved remarkable results in the supply side structural reform, while a diversified energy supply system has been basically established. Energy production capacity has been boosted and the production structure optimized. Construction of supply bases has continued to advance, and the level of clean and low-carbon production improve. The intelligence degree has increased and the terminal energy supply has become more flexible. Transmission, distribution, storage and transportation capabilities have been improved, and supply security guarantee resilience enhanced. The layout of coal exploitation has continued to optimize, and the level of intelligent and green exploitation and clean utilization has continuously been improved with the world's largest clean coal power supply system having been built. Investment in oil and gas has further increased, and some innovative breakthroughs have been successively made. The trend of "increasing reserves and production" has been preliminarily formed at home and the diversification in import sources basically taking shape. The effect of structural adjustment of "reducing the proportion of refined oil output and increasing that of chemical products" has begun to emerge. The output of major petrochemical products has been increased steadily, and the construction of the production, supply, storage and sales system has achieved good results. Non-fossil energy has entered a stage of rapid development with energy production gradually shifting to being both centralized and distributed, and the transformation of the energy system accelerated, showing a prominent trend of being diversified, horizontalized, and integrated. Significant progress has been made in the building of energy storage and transportation system. The construction of oil and gas pipeline network facilities has entered the third rapid development stage, and the "one unified national network" for oil and gas has been initially completed, substantially improving oil and gas transmission and distribution capacity. The national power transmission and distribution network has been further improved, with the scale of trans-regional and trans-provincial power transmission continuing to increase and the reliability of power supply enhanced. The energy storage system has been developed with equal emphasis on diversification, multi-level, and multi-mode. The construction of pumped storage power stations has been accelerated, and the development of new types of energy storage as electrochemical energy storage has begun to enter the stage of commercialization, which has significantly increased the emergency peak-shaving capability, and effectively safeguarded energy supply security and the green and low-carbon transformation and development of the energy system.

i. The Construction of the Diversified Production System being Steadily Advanced and the Capacity to Ensure Energy Supply being Generally Stable

1. The Multi-wheel Driving Energy Production System Formed and Capability to Ensure Supply Remain Generally Stable

China's energy has always been firmly under its own control. China is rich in coal resources, which has always been an important factor to ensure state energy security. Since 2015, to strictly implement the strategic requirements for supply-side structural reform, the coal industry has eliminated nearly 1 billion tonnes of outdated production capacity. In the last two years, facing complicated international environment and increasing pressure on ensuring energy security, the coal industry, adhering to the principle of "basing on national conditions, controlling the total amount, ensuring the bottom line of supply, and reducing and replacing capacity in an orderly manner", has steadily released 500 million tonnes of advanced production capacity. The reduction of the backward and the increase of the advanced capacity have effectively increased the strength to ensure energy security while realizing energy transformation and upgrading. In view of the imperative of ensuring energy security, and the reality of the continuous deterioration in the quality of domestic resources, the oil and gas industry has overcome the investment difficulties caused by the continuous slump in international oil prices over the 13th Five-Year Plan period, and actively implemented the "Seven-Year Action Plan" to vigorously enhance oil and gas exploration and exploitation, having successfully realized an increase in reserves and production while keeping the domestic oil and gas guarantee level generally stable. The petroleum refining industry has focused on "reducing the proportion of refined oil output and increasing the proportion of chemical products" with the oil refining capacity had reaching 910 million tonnes per year in 2021, an increase of about 15% over that of 2015. The power industry has assumed the main task of advancing the implementation of the new energy security strategy as the power supply capacity has continued to increase with the cumulative installed power generation capacity reaching 2.38 billion kilowatts by the end of 2021, an increase of 56% over that of 2015. The energy production capacity has been growing continuously, and the comprehensive self-sufficiency rate maintained at a high level. In 2021, China's output of raw coal, crude oil, natural gas and power generation reached 4.13 billion tonnes, 199 million tonnes, 207.6 billion cubic meters and 8.5 trillion kWh, an increase of 10.2%, −7.4%, 54.2% and 46.8% over 2015 respectively. The total primary energy production reached 4.33 billion tonnes of standard coal. Since the 13th Five-Year Plan period, China's comprehensive energy self-sufficiency rate has stayed at about 81% on average, and the figure was 82.6% in 2021. At the same time, China has continued to enhance its ability to ensure diversification in energy imports. In 2021, China's imports of crude oil, natural gas and coal were 513 million tonnes, 168 billion cubic meters and 320 million tonnes respectively. The sources of energy imports are diversified. By 2021, there had been 50 source countries for oil imports and nearly 30 for natural gas.

China's green and low-carbon energy transformation has entered a new

stage. Adhering to the principle of "establishing the new before abolishing the old", China has been accelerating the development of clean energy and has achieved remarkable results since the 13th Five-Year Plan period. The consumption of clean energy such as natural gas, hydropower, nuclear power, wind power, and solar power accounted for 25.5% of the total energy consumption, an increase of 7.5 percentage points over that of 2015. In 2021, the volume of national non-fossil energy power generation was 2.89 trillion kWh, ranking first in the world, an increase of 85% over that of 2015 with an average annual growth rate of 11.7%. Non-fossil energy power generation accounted for 34.5% of the total national power generation. Wind power, solar power, and biomass power generation have all hit record highs, the power generation by which reached 652.6 billion kWh, 325.9 billion kWh, and 163.7 billion kWh respectively in 2021.Hydropower and nuclear power generation were 1,340.1 billion kWh and 407.5 billion kWh respectively. In 2021, the country's installed capacity of full-caliber non-fossil energy power generation exceeded 1.10 billion kilowatts, surpassing coal power for the first time in history, an increase of 117% over that of 2015. Of this, the installed capacity of hydropower generation was nearly 400 million kilowatts, that of wind power and solar power respectively exceeded 300 million kilowatts, that of nuclear power exceeded 50 million kilowatts, and that of biomass power was nearly 40 million kilowatts.

2. Energy Infrastructure Improved and Safety Level of Operation Increased

The production pattern featuring large energy bases has taken initial shape. Large-scale exploitation and on-site conversion of various energy resources have been strengthened, and the pattern of "supplying energy from the western regions for the use in the eastern" has been continuously optimized as a series of energy bases with advanced technology and complete industrial chains taking initial shape. Since the 13th Five-Year Plan period, the *Strategic Action Plan for Energy Development (2014–2020)* has been effectively implemented. In the coal sector,

14 large 100-million-tonne scale coal bases have successively been built in Northern, Central, and Eastern Shanxi, Shendong, North Shaanxi, Huanglong, Ningdong, Western Shandong, Northern and Southern Anhui, Yunnan and Guizhou, Central Hebei, Henan, Mengdong and Xinjiang. At the same time, China has focused on the construction of nine large 10-million-kilowatt scale coal power bases in Xilin Gol, Ordos, Northern, Central, and Eastern Shanxi, North Shaanxi, Hami, Zhundong and Ningdong, as well as four modern coal chemical industry demonstration zones in Ordos in Inner Mongolia, Yulin in Shaanxi, Ningdong in Ningxia, and Zhundong in Xinjiang. Hydropower stations are mainly deployed in Sichuan, Yunnan and Guizhou to form hydropower bases in southwest China. Wind power bases and photovoltaic bases are being built in northwest, northern China and northeast areas. Nuclear power bases are being developed in coastal areas such as Liaoning, Shandong, Jiangsu, Zhejiang, Fujian and Guangdong. Onshore oil and gas bases are being built in Songliao Basin, Ordos Basin, Tarim Basin, and Sichuan Basin, etc., and offshore oil and gas bases are being constructed in Bohai Sea and South China Sea. Petrochemical bases are being built successively in Changxing Island in Dalian, Caofeidian in Hebei, Lianyungang in Jiangsu, Caojing in Shanghai, Ningbo in Zhejiang, Gulei in Fujian, and Huizhou in Guangdong. At the same time, in the eastern and central regions where energy demand load is concentrated, offshore wind power bases in coastal areas are being built, and the development model of distributed energy such as wind power, photovoltaic power and biomass power generation is being actively innovated, gradually forming a patter of energy supply both "from afar" and "from around".

The construction of transmission channels and building up of reserves have achieved practical results. China has continued to promote the construction of a series of key energy transmission projects such as "north-south coal transportation, west-east electricity transmission, north-south oil transportation, and west-east gas transmission". Five major coal railway transportation lines, Datong-Qinhuangdao, Shuozhou-Huanghua, Zhangjiakou-Caofeidian, Watang-Rizhao and Haolebaoji-Ji'an railways have been built, of which the first four railways have a total transportation capacity of 1.2 billion tonnes, all directly connected to the eastern coastal ports (Qinhuangdao Port, Huanghua Port, Caofeidian Port, and Rizhao Port), where coal is then transported by ships to the major coal consuming provinces along the southeast coast. The Haolebaoji-Ji'an railway has opened up the transportation channel for coal to be transported from Inner Mongolia and Shaanxi directly to central China, effectively securing the coal supply capacity of Hunan, Hubei and other provinces. "West-to-East Electricity Transmission" is a major cross-regional power transmission project proposed by the Chinese government at the beginning of the 21st century, which mainly includes three major power transmission passages in the "south, middle and north". Since the 13th Five-Year Plan period, as the key projects such as UHV transmission lines had been completed and put into operation, the security assurance resilience of the power trunk network has been continuously improved. As of 2021, a total of 33 west-to-east and north-to-south UHV lines had been completed and put into operation nationwide. The storage capacity of coal, oil and natural gas has been significantly enhanced. Coal inventory has effectively secured the demand for coal to be satisfied during peak periods. As of 2021, the total coal inventory was about 230 million tonnes, of which about 58 million tonnes of coal were stored by the country's coal enterprises and about 170 million tonnes by powerplants. With oil and gas storage capacity steadily improved and production and operation scheduling being efficient, a comprehensive oil and gas peak shaving system has been in place, consisting mainly of state strategic petroleum reserves, corporate commercial reserves, underground gas storages and coastal Liquefied Natural Gas (LNG) receiving terminal storage tanks, and supplemented by other peak shaving methods, which has played an important role in soothing the seasonal peak-to-valley difference, meeting the peak demand for oil and gas, and ensuring supply in key areas. The supply of crude oil and refined oil has been sufficient and stable, so have the supply and demand of natural gas. In addition, the development and construction of pumped storage power stations have been vigorously promoted, and the development of new energy storage facilities encouraged.

3. The Pattern Combining Both Centralized and Distributed Supply Continuously Pushed Forward and Modes of Supply to End Users Constantly Diversified

The forms of the energy system are becoming varied and diversified. It is increasingly obvious that the energy system tends to be diversified, flattened and "integrated". Distributed energy has developed rapidly, and energy supply has been gradually shifting to being both centralized and distributed, with the form of the system gradually changing from featuring large bases and networks to an integrated development with microgrid and smart microgrid. The construction of green industrial micro-grid has started to be piloted and demonstrated. Since 2017, the energy authorities have identified a total of 28 new energy microgrid demonstration projects, with 24 being grid-connected and four independent. In combination with other goals such as "Energy Internet", "Reform on Incremental Power Distribution Business", "Smart Photovoltaic", "Integration of Source, Grid, Load and Storage" and "Zero-Carbon Industrial Park", some green industrial microgrid projects have been piloted, half of which were implemented in industrial plants or parks, and were equipped with a certain proportion of zero-carbon power supply. The construction of such new infrastructures as electric vehicle charging network has achieved certain results. China has built the world's largest charging and battery swapping network, with interconnectivity and technology steady improved. In 2021, the number of charging piles nationwide reached 2.617 million, an increase of 52 times compared with 49,000 in 2015, and there were 1,298 battery swapping stations, an increase of 130% over 2020.

Digitization and diversification in energy storage have boosted green and low-carbon transition of energy. The integration of modern information technologies such as mobile Internet, big data, cloud computing, and artificial intelligence, with the energy industry has been accelerated, so has the process of intelligent upgrading of the energy system. Such technologies as smart powerplants, smart grids, smart oil and gas fields, smart refineries, smart mines, and robotic exploration and mining have begun to be popularized and applied, and energy production and operation technologies, such as unmanned supervision, fewer people on duty, and fault diagnosis, have become more informational and intelligent. Comprehensive energy services and smart energy use models in industrial parks, urban communities, public buildings, public transportation and other fields have emerged, and the energy system has been evolving towards intelligent and flexible adjustment, real-time interaction of supply and demand, and integration of producers and sellers. New energy storage has been rapidly developed, and energy storage methods, such as electrochemical energy storage, compressed air energy storage, gravity energy storage, hydrogen energy storage, and ice cold storage have gradually become mature, which have supported the construction of new power systems that adapt to the development of high proportion of renewable energy, and the transformation routes and development models of green and low-carbon energy storage have become diversified.

ii. Coal Continuing to Play the Role of Safeguarding the Bottom Line of Supply as Level of Clean and Efficient Utilization Gradually Improving

1. Supply-side Structural Reform Accelerated and Capacity to Ensure Supply Enhanced

The proven reserves of coal resources and the scale of production have gradually increased. During the 13th Five-Year Plan period, China's proven coal reserves steadily increased from 1.56 trillion tonnes in 2015 to about 1.72 trillion tonnes in 2020①. From 2015 to 2021, the cumulative coal production was about 26.3 billion tonnes, accounting for about 70% of China's total primary energy

①According to the *National Mineral Reserves Statistics 2020* released by the Ministry of Natural Resources of the People's Republic of China, as of 2020, China's economically recoverable coal reserves were 162.288 billion tonnes.

production. Since 2016, the effective coal supply capacity has been steadily improved, and the coal output reached 4.13 billion tonnes in 2021.

The coal production capacity structure and development layout have been further optimized. As of 2021, the number of coal mines in the country had been reduced to less than 4,500. The output of large coal mines with an annual output of more than 1.2 million tonnes accounted for about 85% of the national total. Among them, 72 coal mines with an annual output of 10-million tonnes had been built, with a total production capacity of 1.124 billion tonnes per year; 24 coal mines with an annual output of 10-million tonnes were under construction, with a total designed production capacity of about 300 million tonnes per year; the proportion of the total capacity of small coal mines with an annual output of less than 300,000 tonnes fell to 2% of the national total. Coal production has been concentrated at a quicker pace in Shanxi, Shaanxi, Inner Mongolia and Xinjiang, and the industrial concentration has been further improved. In 2021, the coal output of the four provinces (or autonomous region) totaled 3.30 billion tonnes, accounting for 79.9% of the national total, and the coal output of China's top eight large coal enterprises produced 2.026 billion tonnes, accounting for 49.1% of the national total. Among them, there were 6 enterprises whose production was above 100-million tonnes, with a total coal output of 1.84 billion tonnes, accounting for 44.6% of the national total. The degree of coal-electricity integration has been further improved. As of 2021, the equity installed capacity of powerplants with shares held or controlled by coal enterprises had exceeded 340 million kilowatts, accounting for 30.6% of the national installed capacity of coal-fired power.

2. Intelligent and Green Exploitation Accelerated and Proportion of Advanced Production Capacity Increased

Significant achievements have been made in the construction of green mines. Green exploitation technologies such as backfill mining, water conservation mining, coal and gas co-mining, and pillar-free mining have been promoted in some mining areas. In 2021, the national raw coal washing rate was 71.7%, an increase of 5.8 percentage points over that of 2015. The comprehensive utilization rate of mine water, the comprehensive utilization and disposal rate of coal gangue, and the land reclamation rate reached 79%, 73% and 57.5% respectively, an increase of 11.5, 8.8 and 9.5 percentage points over 2015. The comprehensive energy consumption and power consumption for raw coal production of large coal enterprises were 10.4 kg standard coal/tonne and 20.7 kWh/tonne, respectively. Great progress has been made in the comprehensive development and utilization of abandoned mine resources. The installed capacity of comprehensive utilization of coal gangue and low-calorific value coal for power generation reached 43 million kilowatts, an increase of 10 million kilowatts compared with 2015. A number of national and provincial green mines have been built. As of 2021, a total of 282 coal mines had been listed in the National Green Mine Directory.

The pace of intelligent transformation of coal mines has been quickened. Modern information technologies, such as the 5th Generation mobile communication technology (5G), artificial intelligence, big data, cloud computing, have been applied widely in coal production. The construction of the big data industry platform "Intelligent Cloud for Coal" has been launched, the mining-tailored HarmonyOS has been demonstrated and applied in coal production, and the industry's first 5th Generation + Ultra Wide Band (5G+UWB) signal full coverage mining system has been built. Significant progress has been made in the construction of intelligent coal preparation plants, and the self-developed localized Distributed Control System (DCS) for coal preparation plants has been successfully applied. Preliminary statistical results show that at present, nearly 400 coal mines across the country are carrying out intelligent transformation, with 813 intelligent mining faces having been built, including 135 intelligent coal mining faces and 109 intelligent heading faces in the country's first batch of demonstration coal mines. In 2021, the degree of mechanization of coal mining in large coal enterprises exceeded 98%, and the efficiency of raw coal production was close to 8.8 tonnes/man.day, an increase of 3 percentage points over that of 2015. The death rate of coal mines per million tonnes dropped to 0.044, down 24% year-on-year, 1.5 percentage points higher than the average annual decline in the past ten years. The effect of these on improving efficiency and safety is becoming increasingly apparent, providing a strong support for increasing coal production and ensuring supply, as well as for the high-quality development of the industry.

3. Coal Transportation System Continuously Improved and Transportation Capacity of Both Horizontal and Vertical Channels Significantly Boosted

Railways have become the backbone of the coal transportation network. A coal transportation network covering the main coal producing areas has formed, with the railway corridors for coal outbound transportation as the main framework. During the 13th Five-Year Plan period, railway coal shipments increased from 1.9 billion tonnes to 2.36 billion tonnes, accounting for more than 50% of railway freight shipments. The three provinces (regions) of Shanxi, Shaanxi and Inner Mongolia have become the main coal producing and transfer areas in China. In 2020, the raw coal output of the three provinces (autonomous region) was about 2.785 billion tonnes, accounting for 71.4% of the China's raw coal output, of which about 2 billion tonnes were shipped by railway, accounting for 84.7% of the country's total coal railway shipment. The northern channel, mainly consisting of Datong-Qinhuangdao, Shuozhou-Huanghua, Beijing-Yuanping, Fengtai-Shacheng-Datong, Dahe Jining-Tongliao railways, accounted for about 55% of the coal railway shipments in the three provinces (region); the middle channel, mainly consisting of the Shijiazhuang-Taiyuan, Handan-Changzhi, Taiyuan-Jiaozuo and Heshun-Xingtai railways accounted for about 15%; the southern passage, mainly consisting of Taiyuan-Jiaozuo, Houma-Yueshan, Xi'an-Ankang, Nanjing-Xi'an and Lanzhou-Lianyungang railways, accounted for about 20%; the vertical channel, mainly consisting of Jiaozuo-Liuzhou, Beijing-Kowloon, Beijing-Guangzhou, Haolebaoji-Ji'an and Baotou-Xi'an railways, accounted for about 10%.

Waterway transportation is the main channel for coal transportation only second to railways. After years of construction, the waterway transportation capacity of coal has been further enhanced. During the 13th Five-Year Plan period, the four ports of Tianjin and Hebei, Qinhuangdao Port, Tangshan Port, Tianjin Port, and Huanghua Port, were still the major coal transportation ports in Northern China, accounting for more than 90% of the country's coastal port coal loading. In 2020, China's coastal ports completed a primary loading of approximately 800 million tonnes of coal, with the four ports completing 714 million tonnes, accounting for 90.3% of the country's coastal port coal loading. The coal throughput of all ports of the country (including the ports from Nanjing to Shanghai down the Yangtze River) reached 2.556 billion tonnes, of which the total coal throughput of the three regions of the Bohai Rim, the Yangtze River Delta and the Pearl River Delta accounted for 92% of the total. Since the 13th Five-Year Plan period, "sea-into-river" coal transportation has become an important channel for coal supply in the middle reaches of the Yangtze River. In 2020, the coal throughput of the Yangtze River trunk lines was about 660 million tonnes, of which about 400 million tonnes were transported in the way of "sea-into-river", accounting for more than 60% of the total coal throughput of the Yangtze River trunk lines. As a supplement to railway and waterway transportation, road transportation has been mainly responsible for short-distance coal transportation in coal producing areas and surrounding provinces, or form coal collecting or distributing transportation with railways and ports.

4. Level of Clean Utilization Improved and Scale of Clean Conversion Increasing Steadily

The scale of clean renovation of coal-fired power has continued to increase. Coal power is a strong support for ensuring the security of China's power system. In 2021, the installed capacity of coal-fired power plants was 1, 109. 01 million kilowatts, accounting for 46. 7% of the total installed capacity of all power generators, dropping by 12 percentage points compared with that of 2015. The coal-fired power generation amounted to 5,027 billion kWh, accounting for 60.0% of the China's total power generation, dropping by nearly 14 percentage points compared with 2015. The clean renovation of coal-fired powerplants has continued to advance, and the effect on energy saving and emission reduction is obvious. The world's largest clean coal-fired power supply system has been built, with about 1.03 billion kilowatts of coal-fired power generating units reaching the ultra-low emission limit, accounting for 93.0% of the country's total installed coal power capacity. The coal consumption for power supply has been decreasing year by year. The standard coal consumption for power supply of thermal powerplants of 6,000 kW and above was 305.5 g/kWh, a decrease of 9.9 g/kWh compared with that of 2015. The 160 million-kilowatt ultra-supercritical coal-fired generating units in operation nationwide consumed about 280 g/kWh of standard coal for power supply on average. The world's first million-kilowatt ultra-supercritical coal-fired power generating unit, which successfully used secondary reheating technology, has been built, achieving a standard coal consumption of 266 g/kWh for power supply. The emission control of soot, sulfur dioxide and nitrogen oxides has been gradually improved, with the emissions per unit of thermal power generation being 22 mg/kWh, 101 mg/kWh and 152 mg/kWh, respectively, a drop of 67, 73 and 45 percentage points from 2015.

Progress has been made in the construction of demonstration projects for clean coal conversion. Complete sets of key technologies such as direct coal liquefaction and indirect coal liquefaction have been developed with independent intellectual property rights, and the industrial demonstration projects have been put into safe, stable and sustainable full-load operation, becoming an important strategy to ensure China's energy supply security. The world's first million-ton direct coal liquefaction demonstration plant has been developed and built, realizing sustainable and stable operation; the world's largest single-scale 4 million-ton/year indirect coal liquefaction project has been built, the overall technology being at the world's leading level. As of 2021, the country's coal-to-oil production capacity had reached 9.31 million tonnes/year, mainly in the way of indirect liquefaction; the world's first 600,000-ton/year coal-to-olefins industrial production unit had been built, the production capacity of which reached 16.72 million tonnes/year; coal-to-gas and coal (syngas)-to-ethylene glycol production capacity reached 6.125 billion cubic meters per year and 6.75 million tons per year respectively.

iii. Industrial Chain Supplemented, Extended and Strengthened, and Role of Petroleum and Petrochemicals in Ensuring Energy Security Emerging

1. Oil Reserve and Production Enhancement Steadily Progressing, and Multiple Resource Sources Utilized to Ensure Supply

Effective measures have been taken to ensure stable oil production. Since the 13th Five-Year Plan period, the oil and gas industry has comprehensively deepened the supply-side structural reform, and gradually improved the diversified resource supply system. Focusing on promoting efficient exploration and implementing the "Seven-Year Action Plan" with high quality, major oil companies have continued to enhance oil and gas exploration and exploitation, and accelerated the construction of key state oil and gas infrastructure projects. Scientific and technological research has been effectively strengthened, and breakthrough innovations have been made in oil and gas exploration and exploitation theory and technology. Greater efforts have been made in risk exploration in new areas and new fields, actively seeking new findings of oil and gas, highlighting concentrated exploration in large basins in the central and western regions and fine exploration in oil and gas-rich depressions, and actively exploring shale oil and gas to accelerate the development of unconventional resources. During the 13th Five-Year Plan period, the remaining technically recoverable oil reserves increased steadily from 3.5 billion tonnes in 2015 to 3.619 billion tonnes in 2020, an increase of 3.4%. The newly added proven geological oil reserves reached 5 billion tonnes, and the cumulative proved geological oil reserves reached 42 billion tonnes. Oil production displayed a "V-shape" evolution, dropping from more than 210 million tonnes in 2015 to a minimum of 190 million tonnes in 2018, and then rebounding for three consecutive years to 199 million tonnes in 2021 of which 2.4 million tonnes were shale oil. Offshore oil and gas exploration has extended to deep layer, deep-water, high temperature and high pressure fields. Breakthroughs have been made in the area of fault controlling oil accumulation in the Bohai Sea, and high temperature and high pressure area in Ying-Qiong Basin. The Bohai Oilfield produced more than 30 million tonnes of oil in 2021, making it China's largest oil production base.

Global investment and cooperation in oil and gas exploration and exploitation have been going on. China's major oil companies have been actively seeking large-scale, high-quality and rapidly accessible reserves overseas, and vigorously implementing the strategy of deploying risk exploration and fine exploration. Domestic technical support teams have been set up and cooperative relations have been established with international research institutions to actively carry out technical communication. In view of the characteristics of "ultra-deep-water, large-scale, large investment, non-operator" of deep-sea projects, China has innovated a cooperation model of deep-water business for small shareholders, and built five mechanisms of joint management, joint decision-making, joint guarantee, joint auditing and results sharing, creating a "dual operator" cooperation model while utilizing China's technological advantages, effectively guaranteeing shareholders' rights, and protecting investment interests. China has co-exploited three mega oil fields of billion-tonne scale, in the Brazil's deep-water, the Guyana, and the British North Sea; discovered five hundred-million-tonne scale oil and gas zones in Chad in Africa, the Amu Darya River in Central Asia; and the Andes in South America, and co-discovered six ten-million-tonne scale oil and gas areas in Rakhine Deep-Water in Myanmar, Niger, Sudan, Caspian Sea, UAE, Canada and other regions. During the 13th Five-Year Plan period, the cumulative new recoverable reserves overseas exceeded 2.7 billion tonnes, with China's share of oil reserves exceeding 700 million tonnes and the oil discovery cost per barrel maintained at around US$ 2.

2. Natural Gas Supply Growing Rapidly and Supply from Diverse Sources Increasing Significantly

Reserves and production of gas, with shale gas as the dominant part, have been growing. New proven geological reserves of natural gas have been increasing for years, with an average annual growth rate of 23% during the 13th Five-Year Plan period. In 2016, new proven geological reserve of natural gas was less than 730 billion cubic meters, which reached 1.29 trillion cubic meters in 2020. Major discoveries have been made in explorations in key basins and regions. Two reserves of trillion-cubic-meter scale have been proven in the Kuqabozi-Dabei depression in the Tarim Basin and in the deep layers of the southern margin of the Junggar Basin. The new proven geological reserves in Jingbian, Sulige, Anyue, Yan'an, West Sichuan, Mizhi, Dongsheng and other gas fields have exceeded 100 billion cubic meters. Major breakthroughs in offshore oil and gas exploration have been achieved in Qianshan in the Bohai Bay Basin, the deep-water area in the Southeast Hainan Basin, the Pearl River Estuary Basin, and Yangjiang Sag and Huizhou Sag, including the 100-million-tonne-scale mega integrated condensate gas field Bozhong 19-6, and 100-billion-cubic-meter scale gas fields Bozhong 13-2 and Huizhou 26-6. At the same time, the utilization of low-grade and difficult-to-use resources in low permeability, middle and deep layer areas has continued to improve. In 2015, domestic natural gas production was 135 billion cubic meters, which increased to 192.5 billion cubic meters in 2020 and exceeded the 200 billion cubic meters mark in 2021, reaching 207.6 billion cubic meters. Shale gas exploration and exploitation have achieved leapfrog development. In 2015, China's cumulative proven shale gas geological reserves were 544.1 billion cubic meters, and the remaining recoverable reserves were 130.2 billion cubic meters. During the 13th Five-Year Plan period, new proven geological reserves of shale gas nationwide totaled 1.46 trillion cubic meters. One shale gas field of trillion-cubic-meter scale was identified in Southern Sichuan, major production areas with new proven geological reserves exceeding 100 billion cubic meters were discovered and constructed in Fuling, Changning, Weiyuan, Weirong and Taiyang, making it the largest shale gas field outside North America. The national shale gas production, which was only 4.6 billion cubic meters in 2015, increased to more than 20 billion cubic meters in 2020 and reached 23.1 billion cubic meters in 2021. Domestic coalbed methane reserves and production have maintained a modest but stable growth. The two rounds of gas hydrate production trial in the South China Sea were conducted successfully.

Imports have been kept stable while supply structure optimized. In terms of natural gas supply, China has formed a basic pattern of complementary multiple gas sources, such as conventional and unconventional domestic gas, onshore imported pipeline gas and offshore imported LNG, featuring "west-to-east gas transmission, north-to-south gas transmission, offshore gas landing, and supply from nearby", and two main peak shaving methods of underground gas storage depots and LNG receiving stations. The import volume of natural gas has increased year by year, and the capability to ensure supply has been greatly enhanced. In 2015, the total imported gas volume was 61.4 billion cubic meters, including 35.6 billion cubic meters gas imports through pipelines, which were mainly from countries such as Turkmenistan, Myanmar, and Uzbekistan. LNG imports amounted to 25.8 billion cubic meters, mostly under long-term agreement and mainly from countries such as Qatar, Australia, Indonesia, Malaysia and Papua New Guinea, and partly by spot imports, which were mainly from countries such as Yemen, and Algeria. During the 13th Five-Year Plan period, the average annual growth rate of gas was 18%, and the total imported gas volume increased to 140.4 billion cubic meters in 2020. The import gas volume though pipelines was 47.7 billion cubic meters, with its proportion in imports decreasing from 58% to 34%, while the proportion of LNG increased from 42% to 66%, becoming the main incremental gas source. In 2021, the imported pipeline gas supply increase to 59.1 billion cubic meters with the growth rate rising to around 23%, and the import of LNG reached 108.9 billion cubic meters, up more than 18% year-on-year. A diversified import pattern has been basically established with the number of source countries for natural gas imports increasing to nearly 30, the pipeline gas import being secured by multiple channels of China-Central Asia, China-Myanmar, and China-Russia, and the proportion of spot trade outside the LNG long-term contract rising to 40.5%.

3. Production Scale of Petrochemicals Advanced to a New Level and Structural Optimization Steadily Pushed Forward

Refining and chemical capacity has been enhanced while the structure and layout optimized. During the 13th Five-Year Plan period, China's oil refining capacity continued to grow rapidly, with an average annual increase of 23.5 million tonnes. The total refining capacity increased from 790 million tonnes per year in 2015 to 890 million tonnes in 2020, and 910 million tonnes in 2021. Four ten-million-tonne scale refineries were newly built, two were upgraded, and two were renovated and expanded. In 2021, there were 34 ten-million-tonne scale refineries nationwide, with a total refining capacity of 488 million tonnes per year, accounting for 53.6% of the country's total. China's refining capacity has now caught up with that of the United States. The construction of large-scale refineries, refining bases and parks has been accelerated, so has refinery restructuring, forming three major refining and chemical clusters, around the Bohai Bay, in the Yangtze River Delta and the Pearl River Delta respectively. At the same time, the industrial layout, concentration and product structure of the petrochemical industry have been further optimized, phasing out outdated production capacity while constructing large-scale integrated petrochemical projects. From 2015 to 2020, a total of 110 million tonnes/year of backward production capacity was eliminated. In 2020, the total refining capacity of the three major refining and chemical industry clusters, around the Bohai Bay, in the Yangtze River Delta and in the Pearl River Delta, was 633 million tonnes/year, accounting for 71.5% of China's total, and their ethylene capacity was 21.055 million tonnes/year, accounting for 59.8% of the country's total. In 2021, their total refining capacity was 659 million tonnes/year, accounting for 72.3% of the country's total, and their total ethylene production capacity was 27.055 million tonnes/year, accounting for 61.9% of the country's total. The proportion of refining capacity of Southwest China rose from 1.52% in 2015 to 2.82% in 2020. At present, most of the petroleum and chemical products have been localized, and the product structure in the areas of refined oil, chlor-alkali, fertilizer, pesticide has been further optimized. The trend of "reducing the proportion of refined oil output and increasing the proportion of chemical products" has accelerated. The production of lubricating oil, jet fuel, fuel oil, and asphalt has been increased, gradually resolving the problem of excess refined oil. The quality of automotive and marine oil products has fully met the standards of developed countries in Europe and the United States. The growth rate of organic chemicals, synthetic materials, new chemical materials, and fine chemicals is significantly higher than that of inorganic and basic chemical products.

The private enterprises' petrochemical production capacity has been growing rapidly. The petrochemical production capacity has been continuously improved nationwide. In 2021, the newly added production capacity of ethylene was 6.9 million tonnes/year, that of propylene 5.12 million tonnes/year, and that of butadiene 500,000 tonnes/year, with the scales of the new additions hitting new highs since 2000. With the gradual rise of private enterprises, competition in petrochemical industry has been formed with the participation of diversified entities such as state-owned enterprises, private enterprises, and foreign-funded enterprises. Large private enterprises have become one of the main driving forces for growth in advanced production capacity featuring "production of chemical products being the mainstay, and oil refining as a supplement". During the 13th Five-Year Plan period, independent refineries took an active part in transformation, and private enterprises took the initiative to eliminate nearly 70 million tonnes of outdated production capacity. Of this, Shandong Province eliminated 20.5 million tonnes in the past two years, concentrating on the construction of the refining and chemical integrated project on Yulong Island. In 2021, the total refining capacity of private enterprises increased to 270 million tonnes per year, accounting for 29.6% of the country's total, and two ten-million-tonne scale refineries were built, with a total refining capacity of 60 million tonnes per year. With a capacity of 40 million tonnes per year, Zhejiang Petrochemical has become the largest refinery in China and the fifth largest in the world. The large-scale projects of Zhejiang Petrochemical, Satellite Chemical, and Gulei Refinery & Petrochemical were all put into operation in 2021. The total ethylene production capacity of private enterprises has achieved rapid growth since 2015 (1.35 million tonnes/year), accounting for more than 10% of the country's production capacity in 2021. Hengli Petrochemical has become the largest single-line ethylene production company in China, owning the world's largest ethylene project with a monomer scale of 1.5 million tonnes per year and the world's largest purified terephthalic acid (PTA) production line, while constructing the world's largest functional fiber production base. Shenghong Refinery owns a refining and chemical integration project with the largest single set of crude oil processing capacity in China, whose atmospheric and vacuum distillation unit, wax oil hydrocracking unit, and continuous reforming unit are of the largest scale in China. It is the largest manufacturer of carbon fiber precursor and acrylonitrile in China as well, owning the world's largest single-series paraxylene unit.

iv. Development and Utilization Layout Expanded and Optimized at a Quicker Pace and Non-fossil Energy Becoming the Main Direction of Development

1. Scale of Non-fossil Energy Exploitation and Utilization Significantly Increased and Energy Production Structure Gradually Improved

The installed capacity of non-fossil energy has increased steadily. Driven by policies and demand, the total consumption of non-fossil energy increased from 520 million tonnes of standard coal in 2015 to 870 million tonnes of standard coal in 2021, with an average annual growth of 9%, and its proportion of consumption increased from 12% in 2015 to 16.6% in 2021, an increase of 4.6 percentage points. Due to the rapid development of non-fossil energy power, the proportion of electricity consumption in non-fossil energy consumption reached 99% in 2021. At the same time, the installed capacity of non-fossil energy power generation continued to grow. In 2021, the newly installed capacity of non-fossil energy nationwide was 137 million kilowatts, accounting for 78% of the newly installed capacity in the country, and the newly installed capacity of renewable energy was 134 million kilowatts, accounting for 76.1% of the newly installed capacity in the country. China ranked first in the world in the newly installed capacity of various power sources such as hydropower, nuclear power, onshore wind power, offshore wind power, and photovoltaic power generation. As of 2021, the cumulative installed capacity of non-fossil energy in China reached 1.12 billion kilowatts, accounting for 47% of the total installed capacity. In particular, the scale of installed renewable energy exceeded the 1 billion kilowatt mark, reaching 1.063 billion kilowatts, accounting for 44.8% of the total installed capacity. Of this, the cumulative installed capacity of hydropower was 391 million kilowatts (including 36.39 million kilowatts of pumped storage), that of wind power 328 million kilowatts, that of photovoltaic power generation 306 million kilowatts, that of biomass power generation 37.98 million kilowatts, and that of nuclear power 53.26 million kilowatts. The installed capacity of wind power and photovoltaic power generation exceeded 300 million kilowatts for the first time, with the installed capacity of offshore wind power ranking first in the world.

Non-fossil energy power generation has continued to grow. In 2021, China's non-fossil energy power generation reached 2.89 trillion kWh, accounting for 34.5% of the total power generation, an increase of 0.7 percentage points year-on-year. Renewable energy power generation reached 2.48 trillion kWh, accounting for 29.7% of the total, of which hydropower generation was 1,340.1 billion kWh, accounting for 16.0%, and wind power, photovoltaic power generation, biomass power generation, and nuclear power generation were 652.6 billion kWh, 325.9 billion kWh, 163.7 billion kWh and 407.5 billion kWh, respectively, accounting for 7.8%, 3.9%, 2.0% and 4.9%. In 2021, the water energy utilization rate of major river basins in China was about 97.9%, the average utilization rate of wind power

96.9%, and that of photovoltaic power generation 98%. Non-fossil energy exploitation and utilization have continued to be innovated, with new circumstances and new business models emerging. Being both centralized and distributed, wind power and photovoltaic power exploitation have been better integrated with agriculture, animal husbandry, desertification control and ecological restoration. A number of ten-million kilowatt clean energy bases have been built, including Jiuquan in Gansu, Xilin Gol in Inner Mongolia, Hainan and Haixi in Qinghai. As of 2021, the installed capacity of distributed photovoltaics had exceeded 100 million kilowatts, and the newly added installed capacity in 2021 accounted for more than half of the total new installed capacity of photovoltaic power generation in that year. New models of integrated development such as "photovoltaic sheep", "photovoltaic desertification control", "photovoltaic poverty alleviation" and "wind power to the countryside" have linked energy exploitation and utilization more closely with economic activities and people's lives. Non-fossil energy has also been widely utilized in expanded circumstances such as in coal mine subsidence areas, oil and gas well areas, public buildings and commercial premises, and the new business models of "integration of wind power, solar power, hydro power, thermal power, and storage", "virtual powerplant" and aggregators have been more widely promoted.

2. Exploitation of Hydropower and Nuclear Power Advanced, and Installed Capacity and Power Generation Increased Significantly

The installed capacity and power generation of hydropower have grown significantly. Driven by the commissioning of large-scale hydropower projects of the eight units of Baihetan Hydropower Station and five units of Lianghekou Hydropower Station, the newly added grid-connected hydropower capacity nationwide in 2021 reached 23.49 million kilowatts (including 5.25 million kilowatts of pumped storage), hitting a record high since 2015. In the past six years, with the hydropower stations such as Baihetan and Wudongde connected to the grid one after another, the installed capacity of hydropower nationwide had increased by

71.38 million kilowatts. Six hydropower bases in the upper reaches of the Yellow River and the Yangtze River, on the Wujiang River, the Dadu River, the Yalong River, and the Hongshui River and the Nanpan River have been preliminarily established, further expanding the scale of west-to-east power transmission. At the same time, the scale of large hydropower projects and pumped storage power stations approved for commencement of construction all exceeded 30 million kilowatts, and a new batch of hydropower projects are gradually being laid out in the Lancang and the Yarlung Zangbo River basins. Meanwhile, the flexibility of hydropower generation has been enhanced to a certain extent, and new models have emerged in the coordinated development of photovoltaic power generation, wind power, and gas power generation in the vicinity of power stations. The utilization rate of water energy in China's major river basins increased from less than 95% in 2015 to 97.9% in 2021.

Nuclear power has continued to grow at a faster pace. As of 2021, China had 53 nuclear power units in operation with a cumulative installed capacity of 53.26 million kilowatts, and 16 nuclear power units under construction with an installed capacity of 17.5 million kilowatts, ranking first in the world for 15 consecutive years. Diversified application circumstances of nuclear power have continued to expand with the implementation of nuclear energy projects commonly used in the world such as the 2nd and 3rd generation pressurized water reactors, heavy water reactors, high temperature gas cooled reactors, sea and land mini reactors, fast reactors and pool type low temperature heat supply reactors. The construction and operation of the State Power Investment Corporation's "Nuanhe 1" in Haiyang, a 4.5 million square meters nuclear heating demonstration project, has made Haiyang the first "zero-carbon" heated city in China.

3. Scale of Wind Power and Photovoltaic Power Generation Both Ranking First in the World and Cost of Power Generation Constantly Reduced

Wind power exploitation has continued to grow at a fast pace. Since 2015, with the continuous maturity of wind power technology and cost reduction, China's newly installed wind power capacity continued to expand, rising from less than 20 million kilowatts in 2015 to nearly 50 million kilowatts in 2021. In six years, the initial investment cost of onshore wind power had dropped from about 9,000 yuan/kW to about 5,000 yuan/kW. The cumulative installed capacity of wind power increased by 1.5 times, rising from 129 million kilowatts in 2015 to 328 million kilowatts in 2021, and the annual wind power generation capacity increased by 2.5 times, rising from 186.3 billion kilowatt hours in 2015 to 652.6 billion kilowatts in 2021. Offshore wind power achieved leapfrogging from demonstration to commercialization, overtaking the UK in 2021 as the world's number one in terms of installed capacity. In 2021, the newly installed capacity of offshore wind power reached 16.9 million kilowatts, and the cumulative grid-connected capacity 26.39 million kilowatts. The country's average utilization rate of wind power reached 96.9%, an increase of nearly 12 percentage points compared with 2015.

The newly installed capacity of photovoltaic power generation has repeatedly hit new highs. In 2021, the newly installed photovoltaic capacity reached 52.97 million kilowatts, ranking first in the world for nine consecutive years, and as of 2021, the cumulative installed capacity reached 306 million kilowatts, ranking first in the world for seven consecutive years. In the six years from 2015 to 2021, the initial investment cost of photovoltaic power generation had dropped by about 60%. Driven by constantly rising technical economics, the scale of distributed photovoltaic exploitation has steadily increased. In 2021, the newly installed capacity of distributed photovoltaics reached 29.28 million kilowatts, exceeding the newly installed capacity of centralized photovoltaic powerplants for the first time, and the cumulative installed capacity of distributed photovoltaics exceeded the 100 million kilowatt mark, reaching 108 million kilowatts. The country's photovoltaic power generation in 2021 stood at 325.9 billion kWh, an increase of 7.3 times compared with 2015, and its proportion in China's total power generation increased from 0.7% in 2015 to 3.9% in 2021. In 2021, China's photovoltaic power generation utilization rate was 98%, an increase of 10.6

percentage points compared with 2015.

4. Other Non-fossil Energy Orderly Developed and Level of Diversification Gradually Increased

Biomass power generation is still the main commercial exploitation and utilization mode of biomass energy. In 2021, biomass power generation achieved an additional installed capacity of 8.08 million kilowatts, of which the newly installed capacity of agricultural and forestry biomass power generation was 2.15 million kilowatts, that of waste-to-energy power generation 5.8 million kilowatts, and that of biogas power generation 130,000 kilowatts. As of 2021, the cumulative installed capacity of biomass power generation reached 37.98 million kilowatts, of which the cumulative installed capacity of agricultural and forestry biomass power generation, waste power generation, and biogas power generation was 15.59 million kilowatts, 21.29 million kilowatts, and 1.11 million kilowatts, respectively. In 2021, the national biomass power generation reached 163.7 billion kWh, an increase of 2.1 times compared with 2015. The scale of utilization of biomass briquette fuel and bio-liquid fuel has been expanding as well, rising from 8 million tonnes and 2.9 million tonnes in 2015 to 20 million tonnes and 4 million tonnes in 2021, respectively. The overall utilization of biomass methane has remained above 10 billion cubic meters.

The total annual geothermal energy exploited and utilized has ranked first in the world for years. In 2021, the installed capacity of direct geothermal energy utilization was 40.61 million kilowatts, with a heating/cooling area of 1.4 billion square meters, accounting for 40% of the total global geothermal energy utilization. With the maturity of heat pump technology, the efficient exploitation and utilization of geothermal energy has achieved leapfrog development. Heat pumps have become one of the important ways to meet the demand for clean heating in winter in the northern regions and the dual supply of cooling and heating in the middle and lower reaches of the Yangtze River. A number of large-scale application demonstration projects have been built in Beijing's sub-city center, Xiong'an New

Area in Hebei, Xixian New Area in Shaanxi, Taiyuan in Shanxi, etc. Geothermal has also become the main energy supply source for heating and cooling in landmark buildings such as Beijing Daxing International Airport. In addition to the above-mentioned ways of energy exploitation and utilization, all segments in the green hydrogen industry chain have been steadily advancing, and the exploitation and utilization of tidal energy and ocean thermal energy are being actively explored as well, with many new breakthroughs made in technology and equipment. The non-fossil energy industry has presented a good situation of diversified and rapid development.

v. Reserve Facility Construction Bolstered to Shore up Weak Spots and Effects of China's Energy Transmission and Distribution Network Emerging

1. "One Unified National Network" of Oil and Gas Initially Established and Transmission and Distribution Capacity of Various Products Significantly Enhanced

The layout of crude oil and refined oil pipelines featuring "West-to-East transmission, North-to-South transmission, Coastal-to-inland delivery, and peripheral radiation" has basically taken shape. The overall flow of crude oil has been basically stable. As of 2021, the mileage of long-distance crude oil pipelines was 31,300 kilometers. During the 13th Five-Year Plan period, the main crude oil pipelines that China has built include the second line of the China-Russia oil pipeline, the China-Myanmar crude oil pipeline, the Yizheng-Changling parallel oil pipeline, and the Tieling-Dalian parallel oil pipeline, with the mileage of the trunk pipeline network increased by more than 3,300 kilometers. The construction of the Rizhao-Puyang-Luoyang oil pipeline and the Dongjiakou-Dongying oil pipeline were started, and the crude oil import channels in northeast China and offshore have been further improved. Meanwhile, to accommodate the commissioning of refining and chemical projects of Zhejiang Petrochemical, Zhongke Guangdong Refining and Chemical Integration Project, Hengli Petrochemical, and the second phase of CNOOC's Huizhou Refining and Chemical, the loading and unloading capacity of crude oil docks have been further enhanced. The overall flow of refined oil products has become more stable. As of 2021, the mileage of long-distance refined oil pipelines was 29,100 kilometers. During the 13th Five-Year Plan period, the mileage of newly constructed pipelines reached 8,342 kilometers. The main refined oil pipelines that China has built included Yunnan refined oil pipeline, Qinzhou-Nanning-Liuzhou refined oil pipeline, Wuqing branch of Nanjiang-Tangshan refined oil pipeline, Guizhou-Chongqing refined oil pipeline, Neijiang-Jianyang refined oil pipeline, Baise-Kunming refined oil pipeline, connecting line of Zhejiang-Jiangxi refined oil pipeline (Ningbo-Zhangshu), Shaoxing-Xiaoshan refined oil pipeline, Ningbo-Taizhou-Wenzhou refined oil pipeline, Zhanjiang-Beihai refined oil pipeline, which has improved the pipeline network layout in Northern China, Central China and Southern China further improved, and strengthened its connectivity.

The "one unified national network" of natural gas featuring "west-to-east gas transmission, north-to-south gas transmission, offshore-to-onshore gas landing, and supplying from nearby" has been basically built. As of 2021, the mileage of long-distance natural gas pipelines was 116,000 kilometers, and China's trunk natural gas pipeline network had covered all provinces except Tibet. The West-East Gas Pipeline Network, the Shaanxi-Beijing Pipeline Network, the Sichuan-to-East Gas Pipeline Network, and the Sebei-Xining-Lanzhou Line have realized the transmission of natural gas from major gas sources of Tarim, Horgos, Qaidam, Changqing, Sichuan and Chongqing to major consumer markets in Beijing-Tianjin-Hebei, Yangtze River Delta and Pearl River Delta. During the 13th Five-Year Plan period, the four major natural gas import channels had been further improved, significantly increasing the gas transmission capacity of the trunk pipeline network in the central and eastern regions. The natural gas pipelines that China has mainly constructed include such trunk line projects as the Horgos-

Zhongwei section and Ji'an-Fuzhou section of the Third West-East Gas Pipeline (referred to as WEPP 3), Zhongwei-Jingbian connection line of WEPP 3, and Heihe-Changling section and Changling-Yongqing section of the China-Russia East Line natural gas pipeline, the fourth line of Shaanxi-Beijing natural gas pipeline, the first phase of the Shenmu-Cangzhou gas pipeline, the Zengcheng-Chaozhou section of the Fujian-Guangdong branch of WEPP 3, the Qingdao-Nanjing gas pipeline, the Shenzhen LNG export pipeline, and Wenchang-Qionghai-Sanya gas pipeline. At the same time, the construction of connecting lines between trunk lines has been accelerated in the past two years. For example, the Zhongwei-Jingbian Line connected WEPP 3 and the Shaanxi-Beijing pipeline network, and the Yizheng-Anping Line connected the second line of Shaanxi-Beijing pipeline and the West-East gas pipeline network, further improving the connectivity of the country's natural gas pipeline network. In addition, the total mileage of the country's urban gas pipeline network was about 1.05 million kilometers, with a population of over 400 million people using gas, and the total capacity of the LNG receiving station reached 91.3 million tonnes per year.

2. The National Power Transmission and Distribution Network Gradually Improved and Large-Capacity Long-distance Power Transmission Capacities Strengthened

The scale of power grid construction has been further expanded. The scale of power grid construction has continued to increase. The cross-regional and cross-provincial transmission channel construction has kept advancing, and the framework of regional power grid has been improved. The main framework of UHV grid in Northern China and Eastern China has been built, and the main grid in Central China, Northeast China, and Northwest China has been constantly optimized. An independent synchronous grid has been formed in Sichuan, Chongqing and Tibet of Southwest China. By the end of 2021, a total of 33 UHV lines had been built and put into operation in China, of which 15 were AC UHV and 18 were DC UHV. The total length of transmission line circuits of 220 kV and above was 840,000 kilometers, of which 796,000 kilometers were AC lines and 47,000 kilometers DC lines. In 2021, the cross-regional power transmission of China's UHV lines accounted for 7.6% of the total electricity consumption by the whole society. By the end of 2021, the cumulative power transmission had exceeded 2.5 trillion kWh. The power grid has been continuously improved in terms of large-scale access to new energy and safe operation of AC-DC hybrid power grids, the level of intelligence in power grid dispatching has been enhanced, and the capacity to ensure continuous, safe and economical operation of the power grid has been boosted. Substation capacity has continued to improve. During the 13th Five-Year Plan period, the construction of high-voltage converter stations and substations had achieved remarkable results. As of 2021, there had been more than 7,000 substations above 110 kV in China, of which more than 5,000 new substations and key hub substations were undergoing intelligent transformation and renovation. The total capacity of substation equipment of 220 kV and above in China's power grid was 4.93 billion kVA, of which the capacity of AC substation was 4.46 billion kVA, that of DC substation 470 million kVA, and that of 1000 kVA substation 170 million kVA. China's power grid has become one with the largest grid-connected installed capacity, the highest voltage level and the strongest transmission capacity in the world.

The scale of the distribution network has continued to increase and the network structure further enhanced. Since the 13th Five-Year Plan period, the distribution network has been developing in the direction of a first-class modern distribution network, which is highly reliable, interactive, user-friendly, economical and efficient. The structure of the urban distribution network has been improved, and the degree of flexibility, efficiency and intelligence has continued to increase. The construction of the distribution network in major cities has been accelerated, with the main indicators having reached the international advanced level. At present every rural household has been connected to electricity, and the problems, such as low voltage in rural areas, "isolated operation" of county power grids in western regions, and weak connection with the main grid, have been resolved. The country's power reliability index has continued to be maintained at a high level. In 2021, the average power supply reliability rate of the national power supply system users stood at 99.872%, and the distribution network has become observable and measurable. At the same time, the mode of the distribution network has changed from single power supply to extensive and distributed access, with the adaptability of the distribution network to the access of distributed power sources and diversified power demand further enhanced. The application of smart power distribution, micro grid, distributed energy supply technology, and integrated energy etc. has continued to increase, with the distribution network becoming more intelligent.

3. Weak Spots in Energy Storage Facilities Improved at a Quicker Pace and Capability to Ensure Security Strengthened

A multi-level oil and gas reserve system has been basically formed. The collaborative capacity of various links and entities, such as oil and gas fields, pipeline networks, LNG receiving stations, and users in supply security has been strengthened. The construction of the state strategic petroleum reserve has been accelerated, and the commercial reserve has reached a certain scale, forming a "four-pronged" strategic petroleum reserve system, composed of the state petroleum reserve, resource reserve, alternative energy reserve and technical reserve. The pace of gas storage facility construction has been accelerated, and the weak spots in peak shaving capacity have been significantly bolstered. A comprehensive peak shaving system has been initially formed, with underground gas storage facilities and coastal LNG receiving station storage tanks as the mainstay, supplemented by other peak shaving methods. During the 13th Five-Year Plan period, the total working gas volume of the underground gas storage facilities (clusters) that had been built nationwide increased by 8.9 billion cubic meters, an increase of 160%. As of 2021, more than 30 gas storage facilities had been built, with a storage capacity of 54 billion cubic meters, a peak shaving capacity of about 15 billion cubic meters, and the underground gas storage capacity reached 17.1 billion cubic meters. The gas storage banks (groups) that have been built in Dagang, Northern

China, Hutubi, Xiangguo Temple, Jintan have continued to be expanded and renovated. Seven gas storage banks have been built and put into operation one after another, including Lei-61 in Liaoning, Wei-11, Bai-9, Wen-13 West of Zhongyuan Oilfield in Henan, Qingxi of Puguang Gas Field in Sichuan, Yong-21 of Shengli Oilfield in Shandong. A total of 87 storage tanks have been built at LNG receiving stations nationwide with a storage capacity of 12.737 million cubic meters, of which 5.66 million cubic meters were newly added over the 13th Five-Year Plan period, an increase of 113%.

The supporting role of energy storage in China's energy transition has initially emerged. China's pumped storage has been developing rapidly. As of 2021, the total scale of power stations that had been put into operation reached 40 million kilowatts, accounting for about 10% of the country's installed hydropower capacity, and the total scale of pumped storage power stations under construction exceeded 50 million kilowatts, both ranking first in the world. The pumped-storage power station with the largest installed capacity in the world has been built. The level of self-reliance in the manufacture of pumped-storage power station units has been significantly improved, with the independent development of large-capacity and high-rotation-speed pumped storage units in the 600m water head section and below reaching the international advanced level. Since the 13th Five-Year Plan period, China's new energy storage has realized the transition from R&D demonstration to the initial stage of commercialization. As of 2021, the cumulative installed capacity of new energy storage had exceeded 4 million kilowatts, basically forming a new energy storage industry chain, and the R&D strength and product competitiveness had significantly improved. The market share of energy storage products at home and abroad has continued to rise. The hundred megawatt compressed air energy storage has achieved milestone development and entered large-scale integrated demonstration. Mechanical energy storage technologies, such as megawatt-level flywheel energy storage, have realized demonstration and engineering application, and important progress has been made in energy storage and cold (heat) storage technology. As such application as "new energy + energy storage", conventional thermal power configuration energy storage, smart micro-grid continue to emerge, business models have gradually expanded. The policy mechanisms at the national and local level have been constantly improved, forcefully promoting the transformation of the traditional energy system into a new type of energy system.

Ⅱ. Outlook of China's Energy Supply Revolution

In September 2021, the Central Committee of the Communist Party of China and the State Council issued *Working Guidance for Carbon Dioxide Peaking and Carbon Neutrality in Full and Faithful Implementation of the New Development Philosophy*, making it clear that green and low-carbon energy development is the key to achieving the goals of carbon dioxide peaking and carbon neutrality. Researches show that in 2030, China's total energy demand is expected to plateau at about 6 billion tonnes of standard coal, an increase of 20% compared with the current demand. The energy consumption quality will continue to be improved and the electrification rate is expected to increase by over 5 percentage points compared with 2020. The level of cleanliness and low carbonization will be significantly improved and will peak carbon emissions from energy use before 2030, and then become stable with slight decline. To achieve green and low-carbon energy development requires vigorous efforts to build a clean, low-carbon, safe and efficient energy system. On the one hand, it is still necessary to attach importance to safeguarding traditional energy security. Based on national conditions, fine exploration of coal resources should be promoted and intelligent coal mining as well as clean and efficient utilization of coal should be advanced. Coal's conversion into a power source that is for ensuring basic needs and serves as a system regulating source is to be promoted to give full play to the role of coal in safeguarding the bottom line of supply. In particular, great importance should be attached to ensuring oil and gas supply to effectively respond to changes in international oil and gas resources and petrochemical product market. On the other hand, the scale of replacement of fossil energy with non-fossil energy will be further expanded and the integrated development of both distributed and centralized models will be accelerated. It is necessary to continue investing in and constructing smart grids suitable for the new power system, and to fully promote the construction of large-scale interconnected smart oil and gas pipeline networks. Development of the energy storage industry chain should be accelerated with the focus on coping with new pressures on operation safety of the energy system and on safeguarding the security of global supply of new energy minerals. With a proper pace of green and low-carbon energy transformation, balancing the relationship between carbon emission reduction and energy security is the top priority.

i. Taking Multiple Measures to Shore up Weaknesses and Consolidate Foundation to Comprehensively Enhance Energy Security Guarantee Level

1. Maintaining Stable Domestic Fossil Energy Supply to Consolidate the Foundation of Domestic Resources

Active efforts will be made in the exploration and establishment of a mechanism stabilizing coal price and safeguarding supply. To adapt to the general trend of green and low-carbon transformation of energy, the coal sector should not only comply with the overall situation of carbon peaking and carbon neutrality to phase out the outdated, but also evade risks in supply security, controlling the pace of transformation to keep market prices stable. Under the general direction of achieving the goals of carbon peaking and carbon neutrality, a long-term expectation of gradual coal removal has been developed across society, the impact of market prices on coal demand will gradually weaken and the price elasticity of demand will decrease. Under such a market environment, coal will serve to ensure energy security and supply, responsible for the dual task of stabilizing price at a reasonable level and ensuring energy supply. On the basis of the current operation mode of market coal and contract coal, it is necessary to speed up the exploration of new operation modes, such as promoting a "flexible" coal supply mode with greater adjustability to stabilize price and ensure supply.

Inland and offshore oil and gas exploration and exploitation will be increased. The oil and gas sector should continue to implement the "Seven-Year Action Plan" and steadily promote the exploration and exploitation of domestic oil and gas resources, securing oil production while gradually increasing natural gas production to firmly hold the oil and gas resources in its own hands. Participation of qualified state-owned enterprises, private enterprises, foreign-funded enterprises and foreign enterprises in the exploration, development and utilization of deep-sea oil and gas as well as unconventional oil and gas will be effectively improved. Global capital will be attracted to participate in the exploration and exploitation of oil and gas in the South China Sea and low-grade resources in the Western China, and social capital will be encouraged to enter the oil and gas storage and transportation segments to enhance the resilience of the oil and gas industry chain and ensure supply. Supports will be provided to promote and apply innovative new coal-based chemical technologies and demonstrations, and the implementation of coal-to-liquid, coal-to-gas and olefin projects that have been listed in the national planning will be promoted as soon as possible.

2. Steadily Advancing Construction of New Power System to Enhance Capability Ensuring Safe Energy Operation

Efforts in the segments of power source, the grid, load and storage will be coordinated to build a new power system. In the electricity use segment, to adapt to the general trend of rapid growth in electricity and load demand, it is necessary to step up exploring utilization of such new models as smart distributed microgrids and new technologies such as virtual powerplants to promote the transformation of end users into "producers and sellers". In the power grid segment, large-scale and two-way resource allocation capacity of China's power grid will be fully enhanced, AC-DC long-distance transmission, regional connectivity, as well as interaction between the main network and micro-grids will be strengthened, and the level of network-wide coordination and intelligent decision-making in power dispatch will be improved to boost the resilience of the power system. In power generation segment, coordinated efforts will be made to promote faster development of new energy and its replacement of coal-fired power in the role of safeguarding supply. The construction of large new energy bases will be steadily promoted and distributed renewable power supply will be vigorously developed, realizing development of both centralized and distributed new energy power supply, and continuously improving the cleanliness and low-carbonization of the power system. In line with both the current supply guarantee requirements and the trend of transiting into peak-shaving power supply in the future, new coal-fired and gas-fired power generation units should be selected according to local conditions, and the "three retrofits" of existing thermal power units such as flexibility will be continuously promoted. Under the premise of ensuring safety, nuclear power will be developed in an active and orderly manner. In the segment of energy storage, greater efforts should be made to develop energy storage technologies such as pumped storage, electrochemical energy storage and hydrogen storage, with the focus on promoting the widespread and efficient application of energy storage in all segments of power source, the grid and load so as to effectively improve the new energy consumption.

Internal strength will be enhanced to boost the supply capacity of new energy minerals. The exploration and exploitation of domestic new energy mineral resources will be intensified, with the focus placed on key strategic emerging mineral resources to find out the reserves of shortage mineral resources as soon as possible. The institutional advantages are to be brought into full play to focus on the comprehensive exploration of rich mineral resources in Xinjiang, Inner Mongolia and Qinghai. The commercial reserve system for the whole industry chain of new energy minerals, from mine production, smelting, material, equipment manufacturing to recycling, will be strengthened. Mineral land reserve and mine production capacity reserve are to be developed moderately, and researches on alternative resources and technologies will be strengthened to guide the efficient use of limited resources. Emergency plan and bottom-line plan will be studied and formulated, the scheduling for use under emergency will be clarified, and the commercial and strategic reserve system will be improved. A monitoring, evaluation and early warning mechanism will be established and improved to track and evaluate the demand and supply prospect of China's key emerging strategic minerals.

3. Maintaining Diverse Overseas Sources to Enhance Supply Chain Resilience

Diversified import pattern of oil, gas and new energy minerals will be maintained and consolidated. Multilateral and bilateral cooperation with the Organization of the Petroleum Exporting Countries (OPEC) and its member states, the Shanghai Cooperation Organization (SCO) and its member states, as well as the Association of Southeast Asian Nations (ASEAN) and its member states will be strengthened to ensure fundamental oil and gas imports. The Belt and Road Initiative construction will continue to be promoted. Cooperation and exchanges with countries with mineral resources such as lithium, cobalt, nickel, aluminum, and copper will be expanded, and relations with regions of major global resource sources will be consolidated to improve the import security of new energy minerals. Strategic investment in and talent exchanges with countries where important overseas resource bases, transit places and key transportation nodes are located will be strengthened. Dynamic prediction and early warning will be carried out, the segments of supply that major events may affect will be analyzed, and emergency response plans will be made, to form a monitoring and early warning reporting system for key minerals. For regions with comparatively high risks, the security of China's overseas mining investment assets and personnel will be guaranteed by political, diplomatic and other means.

Security guarantee resilience for oil, gas and new energy minerals will continue to be strengthened. Oil imports security will be safeguarded by a strong industry chain and supply chain. Making good use of China's advantage of having the largest oil refining capacity in the world, the industry chain will continue to extend downstream to enrich the spectrum of domestically produced petrochemical products and the international supply capacity to improve international competitiveness in important chemical raw materials. Global strategies will be formulated and implemented with an overall plan to build the whole industry chain of China's strategic emerging mineral industry to continuously enhance its global influence and control ability. Drawing on the successful experience of overseas mergers and acquisitions, China will strengthen overseas investment in key emerging strategic minerals, as well as government guidance and coordination of industry associations for global procurement. A coordination mechanism of multi departments such as energy, resources, industry, economy and diplomacy will be established and improved to enhance secure supply and guarantee capability with coordinated efforts.

ii. Strengthening Intelligent and Efficient Coal Mining and Utilization to Enhance Capabilities in Basic Energy Security

1. Enhancing the Level of Fine Survey of Resource and Continuously Strengthening Guarantee for Coal Resources

Intensified inputs will be made in coal resources survey. Special surveys on coal resources will be strengthened, proved reserves will further increase, and the capability to ensure the bottom line of supply will be enhanced. By 2030, more than 50% of the total coal resources in Shanxi, Shaanxi, Inner Mongolia, Xinjiang and other provinces (autonomous regions) will have undergone a fine survey. Greater efforts will be made to explore the deep areas of coal mines under production to provide support for increasing recoverable reserves and mine service life. Comprehensive geological and fine exploration in coal mining areas will be intensified, and the accuracy of resource survey will be continuously improved, and the ability to support safe production and intelligent mining in coal mines will be further enhanced. In the mines where coal is treated as the sole resource, an integrated and coordinated development with that of the associated resources such as coalbed methane will be encouraged to continuously improve the comprehensive exploitation efficiency of resources.

Guarantee for special resources of coal-based oil and gas will be strengthened. The total amount and spacial distribution of coal resources corresponding to coal-based oil and gas will be made clear, the reserves of special resources of coal-based oil and gas will be found out, and the dual attributes of coal both as raw mineral and as material will be fully exploited. Support will be given to the planning and construction of the five strategic coal-to-liquid and coal-to-gas bases in northern Shanxi, Yulin in Shaanxi, Ordos in Inner Mongolia, Zhundong and Hami in Xinjiang to improve technical reserves and production capacity reserves of coal-to-liquid and coal-to-gas. Survey of tar-rich coal (with tar yield exceeding 7%) resources in Xinjiang and Inner Mongolia will be accelerated, and the deposit rule, distribution characteristics and sedimentary characteristics of tar-rich coal blocks in major coal fields will be revealed to lay foundation for the management and large scale exploitation of tar-rich coal resources.

2. Building Flexible Coal Production System to Greatly Improve Coal Supply Resilience

The production capacity structure will be further optimized. Coal mines will increasingly larger and more modernized, with the backward production capacity be eliminated. Advanced production capacity released in an orderly manner with its proportion increased. It is estimated that by 2030, the number cap of coal mines will be 3,500, with the output of large-scale coal mines accounting for over 85% of the total, the capacity of 10-million-tonne mines (including opencast mines) exceeding 1.5 billion tonnes/year. The monitoring, forecasting and early warning mechanism of the coal supply and demand market will be strengthened, and production will be flexibly adjusted according to the coal demand. A batch of efficient, intelligent and less-staffed "flexible coal mines" will be built or renovated, realizing low-cost, safe and efficient production capacity regulation, as well as order-based and individualized coal production, which will enhance the capacity to ensure emergency coal supply.

Intelligent transformation in coal mining will be developed at a faster pace. Intelligent transformation will be carried out according to category and grading in view of the specific conditions of the mines. With the focus on mine perception, data processing, equipment system, intelligent control, etc. efforts will be made to break through the common key technologies for intelligent transformation of coal mines to comprehensively improve the level of intelligent transformation of coal mines. It is estimated that by 2025, demonstration of intelligent unmanned coal mining projects will be completed and more than 1,000 intelligent mining working faces will be built, with the capacity of intelligent coal mines reaching over 60%. By 2030, the capacity of intelligent coal mines will be increased to over 80%. Intelligent in-situ coal mining will be actively explored, breakthroughs in the principles and theories of in-situ fluidized coal mining will be accelerated, and demonstration projects of intelligent underground pyrolysis of tar-rich coal will be launched to innovate the development and utilization model of coal resources, helping the coal resource mining revolution expanded and deep.

3. Improving Coal Transportation Infrastructure to Build Intelligent and Green Logistics System

Construction of associated facilities for collection, distribution and transportation will be strengthened. China will accelerate the construction of the collection, distribution and transportation system for coal transportation channels that have been newly put into operation such as Watang-Rizhao, Tangshan-Hohehaote, and Haolebaoji-Ji'an railways to promote the transportation capacity of the dedicated lines of railway coal transportation to the design capacity as soon as possible. By 2030, railway transportation of large industrial and mining enterprises in the main coal producing areas of Shanxi, Shaanxi and Inner Mongolia will account for more than 90% of the medium and long-distance coal transportation (more than 500 kilometers). The connection of the main trunk channel of "coal transportation from Xinjiang" with the main branch lines between related mining areas will be strengthened. With the advantages of the Lanzhou-Chongqing line in transportation capacity brought into full play, a steady improvement in the capacity to ensure coal supply in the southwest region will be realized. Associated coastal port docks will be built, inland water transportation channels will be optimized, rail-water and road-water coal transportation will be strengthened, and the construction of transshipment facilities of port logistics and roads for collection, distribution and transportation will be enhanced to realize seamless connection between railway freight stations and port terminals.

Construction of smart and green coal logistics system will be strengthened. Studies on standardization system for coal storage, transportation and transshipment will be increased to promote standardization of smart and green coal logistics. Construction of a big data system for the coal industry will be promoted to enhance the deep integration of production, supply, storage and marketing system with the industry's big data. Development of modern coal logistics, smart logistics and green logistics will be accelerated to significantly improve the efficiency of coal logistics. It is expected that by 2025, a smart and green coal logistics network system with an organic combination of main coal consuming regions, main coal producing regions, main transshipment places and large enterprises will be built.

4. Realizing Clean and Efficient Utilization Across the Board to Provide Support for Constructing Stable Power System

Coal power flexibility will be constantly improved. The relationship between pollution reduction and carbon emissions with the need to ensure secure energy supply will be balanced, and advanced coal-fired power will be rationally constructed to keep the safe and stable operation of the power system. The role of coal power as the basic guarantee will be brought into full play. The transformation of coal power from the main power source to a system-regulating one that provides auxiliary services such as adjustable capacity, peak and frequency regulation will be accelerated, further enhancing the regulatory role of coal power. Vigorous efforts will be made to promote ultra-high-parameter coal-fired power generation and highly flexible and intelligent coal-fired power generation, and to strengthen the construction of a new power cycle system, for achieving high-efficient, low-cost and multi-pollutant to jointly control coal-fired units. The flexibility retrofitting of existing coal-fired power units should be boosted as far as possible. From 2021 to 2025, a total of 200 million kilowatts of flexibility retrofitting will be completed with an increase of 30 million to 40 million kilowatts. The system regulation capacity supports the high proportion of renewable energy consumption. It is estimated that by 2025, China's average standard coal consumption of thermal power supply will drop to below 300g/kWh. Energy-saving retrofitting of coal-fired power units exceeding the required standard will be accelerated with a scale of no less than 350 million kilowatts during the 14th Five-Year Plan period. Exploration in the coupled utilization of coal and new energy in the mining area will be conducted. With an orderly distribution of such industry as photovoltaic power generation, wind power, and ecology in coal mining subsidence areas, open-pit mine dumps, abandoned open-pit mines, and closed mining areas, these coal mining area will be built into a demonstration base for diversified clean energy supply.

The level of clean coal conversion will continue to be promoted. Modern coal chemical technology specification and product standard system will be established and improved. The focus will be on improving the standards for coal quality, coal type and conversion-related products to enhance coal conversion capacity and to promote the synergistic development of coal exploitation and clean conversion and utilization. Intensified support will be provided to the R&D of grading, classification, and clean and efficient utilization technology of tar-rich coal, as well as to the demonstration projects construction, with the focus on breakthroughs in large-scale pulverized coal pyrolysis technology and large-scale semi-coke utilization technology. It is estimated that by 2030, the coal-to-liquid production capacity will be over 20 million tonnes, the coal-to-gas production capacity will exceed 30 billion cubic meters, and the demonstration projects for the high value-added utilization of million-tonne class coal-to-aromatics and ten-million-tonne class tar-rich coal will be completed.

iii. Continuing to Build a Domestic and International Dual-circulation Pattern to Consolidate Safety Foundation of the Petroleum and Petrochemical Industry

1. Expanding New Areas in Exploration Theory and Technology to Realize Diversified Domestic and International Supply

Theoretical and technological innovations will be strengthened to enhance the capability to increase reserves and production. Future oil and gas exploration should be based on such field as "new basins, new zones, new series of strata and new types", focusing on breakthroughs in the theoretical understanding of exploration in the field of marine carbonate rocks, foreland thrust belts, fuel-rich sags and deep layers. Independent innovation capability, as well as capabilities to transform scientific research results and create benefits will be further enhanced to realize technological breakthroughs and leaps in shallow water, deep-water, and ultra-deep-water, mid-deep and deep/ultra-deep fileds, and conventional and unconventional oil and gas, and to gradually build up capacities to explore and exploit deep-water oil and gas and the high-temperature and high-pressure layer. The core technology will be constantly upgraded and the development of technologies such as high-precision seismic detection, high-performance logging, intelligent drilling, and precise and intelligent volume fracturing will be promoted to a new stage to greatly improve the accuracy and efficiency of oil and gas exploration. A new situation will be achieved where, with domestic energy-rich areas serving as strategic safety support, the proportion of large and medium-sized oil and gas fields discovered in new exploration projects will be increased, and conventional and unconventional oil and gas will be effectively developed in succession.

International cooperation will continue to be deepened while optimizing

imports. China will actively participate in reshaping and reconstructing the global energy industry chain, and deeply integrate into the global industry chain and supply chain. It will actively participate in and promote the construction, transformation and upgrading of energy infrastructures in countries along the "Belt and Road", and enhance the connectivity of energy transmission networks to shorten the distance between energy producing places and consuming places. The pace of the advanced technologies, equipment, standards and services' "going global" will be sped up, the process of which will be accelerated by the entry into force of the *Regional Comprehensive Economic Partnership* (*RCEP*). The global resource allocation will be optimized and new directions for cooperation will be expanded. Adhering to the philosophy of mutual complementarity, mutual benefit and win-win, as well as the path of internationalization, China will broaden the scope of energy cooperation via "the Belt and Road", increase the number of countries and regions opening to and cooperating with China, accelerate cooperation in key business areas such as shale oil and gas exploitation, deepwater and ultra-deepwater exploration, and increase cooperation in research and development design, marketing services, trade, finance and other segments. At the same time, China will expand the introduction of international oil service companies into the domestic market, strengthen the exchange and cooperation in advanced technology and management experience, and encourage more international oil service companies to set up branches in China, which will promote the rapid growth of the domestic oil and gas technical service market.

2. Achieving Overall Stability in Natural Gas Yield and Securing Supply with Shale Gas Becoming Major Resource

Unconventional natural gas, mainly shale gas, will be vigorously developed. The total supply of natural gas will continue to grow. With the upstream enterprises vigorously carrying out special actions to improve quality and efficiency, and being in low-cost operation, domestic low-grade resources will be effectively developed and natural gas production will be expected to maintain a growth rate of nearly 5%

annually to meet the need for safeguarding the bottom line of secure natural gas supply. The policy mechanism will further encourage diversified supply forms and more preferred blocks will continue to enter the market, enhancing the attraction of the field of exploration and exploitation to such investors as foreign investors and private enterprises, and thereby improving the industry's capability to guarantee supply. The potential of shale gas resources will be further evaluated, the key technologies for shale gas exploration and exploitation will be deepened and integrated, and the low-cost adaptive engineering technology for deep and atmospheric shale gas will be further developed. The offshore shale gas will go into mass production and the development of onshore shale gas will pick up pace, and breakthroughs in the output of the sea-land transitional shale gas is expected to be achieved. The shale gas output is expected to increase to 40 billion cubic meters in 2030. Understanding of the main controlling factors for high productivity enrichment in the tight clastic rock field will be continuously deepened, and the integrated process technology for exploration, development and production of tight gas superimposed with thin water-bearing layers will continue to be promoted and applied. Breakthroughs will be made in the theory and technology for fine description of coalbed methane reservoirs and evaluation of sweet spots, the "three-gas commingled exploitation" model of coalbed methane, tight gas and shale gas will become mature, and the overall benefits of coalbed methane exploration will be further improved.

China will deeply and fully participate in international natural gas cooperation. Participation in the international natural gas market will continue to increase and high-standard opening up will be promoted across the board. China will actively participate in the global natural gas industry governance and further integrate into, guide and improve the construction of existing global energy governance institution. It will participate in regional natural gas governance systems in Northeast Asia, Southeast Asia, and Central Asia, building a more resilient regional market. It will actively participate in the construction of a global natural gas trade and market system, guiding the continuous improvement in world natural gas trade rules and making trade patterns more flexible. It will make active contribution to promoting the formation of a trade pattern featuring sufficient resource supply, diversified pricing methods and more flexible terms. Construction of a natural gas futures market will be accelerated, which will be actively integrated into the pricing system of the regional natural gas market. A wide range of trading products will be set and approved delivery warehouse storage capacity equipped to promote Shanghai Natural Gas Futures to become a benchmark for natural gas pricing in the Asia-Pacific region.

3. Achieving Obvious Results in Shoring up Weak Spots of Petrochemical Products to Improve Overall Industry Safety

The total refining volume will keep growing while structural contradictions will be eased. It is estimated that during the 14th Five-Year Plan period, China's refining and petrochemical production capacity will continue to expand. A number of ten-million-ton refineries will be built and put into operation, with a net increase of 96 million tonnes of refining capacity per year and a total refining capacity of 980 million tonnes per year, making China the world's largest refining powerhouse. The refining industry will continue to complement, extend and strengthen its supply chain while the chemical industry will focus on bolstering weak industrial segments. Oil consumption in transportation sector will reach the peak, that in road transportation will decline, and that in aviation will increase, while oil consumption in chemical sector will be the main growth driver in the future. It is estimated that by 2025, the production capacity of ethylene and Paraxylene (PX) will double to 63.32 million tonnes/year and 54.11 million tonnes/year, respectively. The production capacity of the seven major chemical industry bases will account for 40% of the country's total production capacity, and the chemical industry will move from traditional simple integration to deep integrated development. Looking forward to 2030, with the gradual release of production capacity, the market competition for refined oil and its bulk basic chemicals will further intensify. Research and development of key core technologies and breakthroughs will be of greater significance to the development of enterprises. Through the establishment of a number of innovation platforms, strategic alliances and demonstration bases, original and integrated innovation capability will continue to be strengthened. The industry-wide structural contradiction between "surplus of low-end products and shortage of high-end products" will be greatly eased.

Efforts will be made to break through bottlenecks in materials and key technologies. The production capacity of chemical products of traditional materials will remain stable with slight decline and the supply of new chemical materials will grow rapidly; meanwhile, the research and development capabilities in terms of high-end chemical products will be continuously enhanced. Breakthroughs will be made in major key technologies such as high-end polyolefins, high-performance synthetic rubber and elastomers, high-performance fibers (materials), degradable materials, enzyme catalysis technology, and micro-chemical technology, as well as in core process packages and key equipment manufacturing. The localization rate of high-end products, high value-added new chemical materials and fine chemicals will be promoted, and the effect of substituting imports will emerge. Efforts will be focused on cultivating emerging chemical technology enterprises in such areas as electronic chemicals, biochemicals and new medicines, high-efficiency catalysts, high-performance coatings, and high-value-added chemical equipment to drive industrial optimization and upgrading. The level of pollutant purification will continue to improve, so will the recycling level. Carbon dioxide capture and utilization technology will be further developed in the petrochemical field and new technologies for low-carbon olefins will be explored for breakthroughs. The scale of carbon dioxide hydrogenation to methanol is expected to reach 1 million tonnes per year in 2040, initially forming a branch of the carbon dioxide industry chain. Application of green electricity and green hydrogen in the petrochemical industry will continue to be expanded.

iv. Expanding Exploitation and Utilization Scale with Diversified Development to Make Non-fossil Energy Development Reach a New Height

1. Non-fossil Energy to Grow Rapidly and Substitution for Fossil Energy to Shift from Incremental Substitution to Inventory Substitution

The scale of non-fossil energy development and utilization will continue to be expanded. Large-scale development of non-fossil energy will be further promoted and efforts will be made to meet new power demand more by non-fossil energy power substitution. In order to achieve the goals of "proportion of non-fossil energy consumption reaching 25% by 2030" and "installed capacity of wind power and solar power exceeding 1.2 billion kilowatts", the average annual new installed capacity of wind power and photovoltaic power generation needs to be maintained at a high level, that is, the average annual new grid-connected installed capacity is to reach more than 110 million kilowatts from 2021 to 2030. Meanwhile, the development and construction of large-scale hydropower projects and nuclear power projects are to be actively and steadily promoted. It is aimed that the country's non-fossil power installed capacity will account to about 60% of the country's total installed capacity by 2030. Besides, the application of non-fossil energy in non-electric fields will be steadily promoted, with a target scale of over 60 million tons of standard coal to be achieved for non-electric utilization such as nuclear power heating, biomass heating, geothermal energy heating, biomass fuel and solar heating by 2025.

Efforts will be made to gradually move non-fossil energy from the stage of incremental substitution to that of inventory substitution. Before 2025, the development and construction of non-fossil energy power will be accelerated to strive for an improvement in its incremental substitution capacity for fossil energy.

From 2025 to 2030, the development of non-fossil energy will be further accelerated, entering the stage of incremental substitution for fossil energy in an all-round way to ensure that carbon dioxide emissions in the energy sector will peak. In 2030, new renewable energy power generation can meet about 80% of the new electricity consumption of the whole society in that year, basically realizing full substitution for the increment of power demand with non-fossil energy. Giving full play to the advantages of renewable energy resources, the western regions will take the lead in realizing a high proportion renewable energy development. Steady development and efficient utilization of such resources as offshore wind power and coastal nuclear power in the eastern regions will be promoted, and innovations in development and utilization circumstances and integrated development of distributed non-fossil energy in the central and eastern regions will continue to be promoted to gradually enhance the substitution capability of non-fossil energy. Energy storage and smart energy technologies that adapt to a high proportion renewable energy will be developed with the focus on improvement in the adaptability of energy infrastructure and market operating mechanism to a high proportion non-fossil energy to ensure that most of the new energy demand will be satisfied by non-fossil energy.

2. Significantly Optimizing Regional Distribution and Continually Innovating Development and Utilization Model

Both centralized and distributed renewable energy generation will be developed. The development and construction of large-scale wind power and photovoltaic power generation bases, mainly in desert, gobi and wilderness areas, will be promoted, so will the construction of supporting regulating power sources and transmission lines to build a number of high-proportion renewable energy bases. Nine major clean energy bases in Songliao plain, northern Hebei, the Yellow River Jizi Bends (regions where the bends of the River form the shape of a "n"), the upper reaches of the Yellow River, Xinjiang, the upper reaches of the Jinsha River, the Yalong River basin and the lower reaches of the Jinsha River will be basically built. Offshore wind power will be further developed, with offshore wind power bases formed in Shandong, Jiangsu, Zhejiang, Fujian and Guangdong. Innovative application and demonstration of development models for wind power and photovoltaic power generation will be sped up, and the "Photovoltaic Power Going into Thousands of Households Action" and "Wind Power Harnessed by Thousands of Villages Action" will be implement. The development model of wind-solar + solar-thermal, photovoltaic + energy storage, multi-energy complementation and source-grid-load-storage integration will become the mainstream, and implementation of demonstration projects of renewable energy plus hydrogen energy is being started. Equal emphasis will be placed on the construction of large-scale wind and solar bases and distributed development to lead the integration of power source, grid, load and storage, as well as the synergy of multi-energy complementation.

Nuclear power will be developed in an active, safe and orderly manner. Beginning in 2022, demonstration projects such as unit 6 of Fuqing, unit 6 of Hongyanhe, unit 3 of Fangchenggang and high temperature gas-cooled reactors will be built successively. During the 14th Five-Year Plan period, the construction of third-generation nuclear power in coastal areas will be promoted in an orderly manner and the demonstration of advanced projects such as modular small reactors, 600,000-kilowatt commercial high-temperature gas-cooled reactors and offshore floating nuclear power platforms will be promoted. Installed nuclear power operating capacity is expected to reach about 70 million kilowatts in 2025. Vigorous efforts will be made to bolster the weak segments in the nuclear energy industry chain and great importance will be attached to the research and development of spent fuel disposal technology and related issues. The fourth-generation reactor technology will continue to be advanced while the reduction in the third-generation nuclear power cost will be actively promoted. Peak-adjustable nuclear powerplants will be moderately developed and small, safe and portable self-regulating reactors will be explored. On the premise of ensuring safety, the approval and construction of nuclear power projects with reliable conditions shall be promoted in an orderly manner. Waste heat heating and regulation capacity of nuclear powerplants will be steadily facilitated.

3. Steadily Advancing Construction of Supply Assurance System of the Industry Chain to Further Enhance Safety Guarantee

A secure resource supply system of the new energy industry chain will be constructed in an all-round way. Great importance will be attached to the supply security of new energy and mineral resources, and the pace to establish and improve the security supply system for key new energy and mineral resources will speed up. Studies will be conducted on the demand for new energy minerals that support China's realization of "dual carbon" goal and the development of the new energy industry. China's key new energy minerals catalogue will be released and dynamically adjusted, and the formulation of corresponding supply security plan will be sped up. Policy support for the development and supply of new energy minerals will be increased. Diversified supply will be encouraged and a policy system covering and coordinating exploration, mining, smelting, processing, utilization, recycling and storage will be established. Multilateral and bilateral cooperation with important resource countries will be strengthened to plan and deploy mining capacity cooperation bases. The pace to improve emergency reserve system will be accelerated, and monitoring, evaluating and early warning mechanisms will be established and improved to regularly assess China's demand and supply prospects for key new energy minerals, so as to study and formulate emergency plans and to establish and improve commercial reserve and strategic reserve system.

Secure and low-carbon supply capacity of the energy and power system will continue to be improved. With a balance between low-carbon and safety, efforts will be made to promote multi-energy integration and multi-network integration, and to develop multi-energy sources according to local conditions to realize mutual complementarity and mutual support of electric power, heat energy and cold energy. Maturation and large-scale application of new energy technologies such as green hydrogen and energy storage will be accelerated, so will the demonstration and wide application of new power grid technologies such as microgrids, energy internet, virtual powerplants and flexible DC. A coordinated development of "base-type development + cross-provincial and cross-regional flexible allocation" and "distributed integration+micro-grid" will be realized. Multi energy infrastructure networks will be highly integrated and flexible and reliable cross-region configuration of resources will be realized so as to improve capability of the energy system to get access to various energy sources smoothly and safely, promoting the organic integration of various energy organization modes. The power electronic equipment will become increasing more flexible and controllable to effectively deal with the uncertainty and instability of the power system, and to constantly improve its security defense capability. Construction of a green, low-carbon, multi-interactive, flexible, synergistic, efficient, digital, intelligent, safe and controllable energy system will be promoted.

4. Attaching Importance to Utilization of Non-electric Renewable Energy to Establish a New Development Pattern in the Form of Both Heat and Electricity

Non-electric utilization of biomass energy will be steadily promoted. Biomass heating will be developed in a rational manner. Construction of biomass heating facilities mainly based on agricultural and forestry biomass and biomass briquette fuel will be supported, central heating in urban areas and other densely-populated areas will be promoted, and agricultural and forestry biomass heating and heat supply demonstration projects will be explored. In non-key villages and areas in terms of air pollution prevention and control, greater efforts will be made to promote the use of biomass methane, and biomass resources in counties will be coordinated to establish an industry system for biomass methane. In major planting and breeding counties such as major grain-producing areas, forestry residue (harvesting residues, timbering residues and processing residues) enrichment areas, livestock and poultry breeding areas, county-level biomass methane demonstration projects will be promoted in an orderly manner. Efforts will be made to create a new model of cascading utilization of biomass. Demonstration of poly-generation of alcohol, electricity, gas and fertilizer is to be supported to form a new multi-supply mode with residential gas, vehicle fuel, boiler fuel, power generation and organic fertilizer.

Hierarchical and complementary utilization of renewable energy such as geothermal energy will be further promoted. Development and utilization of shallow geothermal energy will be accelerated, with priority to the development of soil heat sources. Regenerated water heat sources will be exploited in an orderly manner and surface water heat sources in a moderate way. The scale of shallow geothermal energy development and utilization will be expanded in the North China Plain, the Yangtze River Economic Belt and other regions to meet the growing demand for both heating and cooling. Efforts will be made to promote the centralized planning and coordinated development of middle and deep geothermal energy heating, cooling and power supply. Integrated utilization of geothermal energy in such industry as tourism, planting, breeding, and emerging high value-added industries in rural areas is to be supported. Exploration of new technologies and new models for mid-deep geothermal energy heating and cooling will be accelerated, and a multi-energy complementary model of "geothermal energy+" will be promoted. Researches and application of green hydrogen production, storage and transportation technology will continue to be enhanced. Construction of urban demonstration clusters of the industry chain for fuel vehicles will speed up, and the integrated development of green hydrogen industry with steel industry and petrochemical industry is to be explored. Continuous support will be provided for sea islands and sea ranch demonstration areas to comprehensively develop and utilize wave energy, ocean thermal energy and salinity gradient energy exploring new paths for the development of new energy.

v. Continually Strengthening Functions of Energy Infrastructure to Significantly Boost Emergency Safety Guarantee Coefficient

1. Achieving Obvious Results in Construction of Smart Grids to Continuously Promote Development of New Power System

Construction of smart substations will be accelerated while the power network structure will continue to be improved. Intelligent dispatching, inspection, operation and maintenance will continue to be improved in their degree of intelligence, and construction of intelligent substations with multi-functional facilities such as photovoltaic power stations, charging stations and new energy storage stations will be accelerated. Major strategic projects and ultra-high voltage projects for the power transmission grid are to be steadily promoted. The capabilities to allocate resources across regions and provinces will be significantly improved, the power exchange capacity and channel utilization efficiency will be gradually boosted, and the level of safe operation of the power grid as well as the ability to resist serious failures will be further enhanced. Construction of UHV channel projects for power transmission from large new energy bases will continue to increase, with the total transmission capacity reaching a new high by 2025. The main framework of UHV AC grid with "five horizontal and four vertical lines" connecting Northern China, Central China and Eastern China will be built, and that of an UHV AC grid composed by "two horizontal lines and one ring network" will be formed in Sichuan and Chongqing. The 750 kV, 500 kV, 330 kV, and 220 kV regional power grids will continue to be optimized and improved, with the coordination capacity of power grids at various levels further enhanced. In addition, establishment of a bilateral and multilateral cooperation mechanism for cross-border power interconnection will be accelerated. Planning and research on power interconnection in Northeast Asia, with Southeast Asia, South Asia and other regions will be deepened, with the focus placed on the grid connectivity project between China and neighboring countries. The construction of power transmission projects in Lancang-Mekong River Basin, Nepal, and Pakistan, as well as power input projects in regions such as Mongolia will be accelerated. It is estimated that by 2025, nine transnational loop DC projects will be built, with a transmission capacity of 28 million kilowatts. Energy cooperation with countries along "the Belt and Road" will continue to be strengthened.

A multi-integrated new power distribution system will be constructed. The new power distribution system will be "safe, reliable, high-quality, efficient, green, low carbon, intelligent and interactive". A new type of urban distribution network is currently being planned and built, represented by Xiong'an New Area and the Guangdong-Hong Kong-Macao Greater Bay Area, which will transit from unidirectional power supply to intelligent interaction of multiple distributed energy sources and flexible loads, presenting diverse forms of distributed energy including microgrids, integrated energy, multi-station integration and energy storage. Making use of abundant renewable energy and distributed energy resources, the rural power distribution network will take the lead in promoting the construction of a new power distribution system to further improve reliability of the rural power grid.

2. Completing Construction of Intelligent Oil and Gas Transmission and Distribution Network to Ensure Security of Extensive Coverage

The crude oil and refined oil pipelines are to be improved to guarantee security needs. Focus will be placed on promoting fair and open access to long-distance pipeline network of crude oil and refined oil. Efforts will be made, mainly in Liaoning, Hebei, Shandong and other places, to realize oil supply to independent refineries by long-distance crude oil pipeline network and the connection of long-distance pipeline network of refined oil to independent refineries. Planning and layout of the national crude oil pipeline network and its pipeline construction will be accelerated. In accordance with the needs of construction, expansion and reconstruction of refineries, interconnected branch pipelines will be built at a faster pace. Efforts will be made to promote the construction of associated refinery pipelines such as Changxing Island-Jinzhou, Dongming-Zhengzhou, Zhoushan-Huzhou refined oil pipelines to meet the needs of large coastal refining companies to sell refined oil products. Continuous efforts will be made to promote the construction of Jiangsu-Anhui, Jiangxi-Hunan, Guangdong-Jiangxi connecting lines, and such projects as the interconnection of Lanzhou-Zhengzhou-Changsha, Jinzhou-Zhengzhou refined oil pipelines with regional pipeline networks in Northern China, Eastern China, Central China, and Southwest China, as well as connection within the oil product pipeline network in Southwest China will expand the coverage of refined oil pipelines in the central and eastern regions, improve the coverage service, and optimize the rational allocation of refined oil resources.

“A unified national network” of natural gas pipelines will be formed. Interconnection between domestic natural gas pipelines will be accelerated, onshore import pipelines, external pipelines from coastal LNG receiving stations, external pipelines from oil and gas fields will be further improved, and the layout of natural gas trunk pipelines will be completed. According to resource conditions and market demand, the focus will be placed on completing the construction of Yongqing-Shanghai section of the China-Russia East Route natural gas pipeline, the fifth and fourth lines of the West-East natural gas pipeline, the middle section of the WEPP 3, the second line of the Sichuan-East natural gas pipeline, the parallel line of the Tianjin LNG export pipeline, Binhai LNG pipeline and other projects to improve the transportation capacity of the trunk pipelines. The relationship between the National Oil and Gas Pipeline Network Group, major oil companies, local pipeline network companies and urban gas companies will be straightened out, and the planning and layout of natural gas branch pipelines and large pipeline networks in various provinces and cities are to be improved to expand the coverage of natural gas branch pipelines in provincial capital cities, prefecture-level cities, county-level cities and key towns. It is estimated that by 2025, the average annual newly built domestic natural gas pipelines will exceed 8, 000 kilometers, achieving full coverage in prefecture-level cities and significantly improving pipeline coverage service in county-level cities.

3. Accelerating Energy Storage Facility Development and Supporting Projects Construction to Constantly Enhance Emergency Supply Capacity

The oil and gas reserve infrastructure system will be improved. A comprehensive survey on the location of oil reserve bases will be conducted. Construction of the second phase of the State Petroleum Reserve Bases will be accelerated and that of the third phase will be advanced. By 2025, an oil reserve system will be built up, in which government reserves, corporate social responsibility reserves, and enterprises' manufacturing inventory will be organically integrated and complementary to each other. The construction pace of underground gas storage facilities in Northeast, Northern China, Eastern China, and Central China will pick up, with the focus on building a number of ten-billion cubic meters underground gas storage facility groups in Northern China, Northeast, Southwest, and Northwest. By 2025, the working volume of the underground gas storage facilities will exceed 30 billion cubic meters, and that of associated gas storage facilities of the newly built trunk pipelines should reach over 10% of the designed annual transmission capacity of the pipelines. Construction of gas storage capacity of LNG receiving stations will be accelerated, with priority given to the projects of LNG receiving stations that have been built, are under construction and planned at important port sites. The gas storage capacity of newly built and expanded LNG receiving stations should reach more than 10% of the designed annual receiving capacity, and the expansion projects for the existing LNG receiving stations should give priority to increasing gas storage capacity to meet the emergency peak shaving needs of central cities and radiation areas.

Large-scale construction of energy storage system will be accelerated. Construction of a batch of pumped-storage power stations with favorable conditions, excellent preliminary work, and great comprehensive benefits will be accelerated to complete, and that of pumped-storage power stations under construction in Fengning in Hebei, Wendeng in Shandong, and Qingyuan in Liaoning will be enhanced. The commencement of the construction of approved pumped storage power stations will be promoted as soon as possible. In Hubei, Zhejiang, Jiangxi, Guangdong and other provinces (autonomous regions) with relatively rich resources, small and medium-sized pumped-storage power stations will be planned and constructed in accordance with local conditions and in line with local power development and new energy development needs. Evaluation of the potential in cascade integrated retrofitting of hydropower will be carried out. The focus will be placed on the development of cascade hydropower in the central and eastern regions, and construction of demonstration projects will be promoted timely. It is estimated that by 2025, the total production scale of pumped storage will be over 62 million kilowatts and by 2030, it will reach about 120 million kilowatts. Vigorous efforts will be made to boost the technology innovation capability in the field of new energy storage and to significantly improve the independence and controllability of core technology and equipment. Improvement of the standard system will be accelerated and the industry system will become complete. Great progress will be made in terms of high safety, low cost, high reliability, and long life. It is estimated that by 2025, the installed capacity will be over 30 million kilowatts. Of this, the technical performance of electrochemical energy storage will be further improved and the system cost is expected to be reduced by more than 30%. New technologies for thermal power and nuclear power unit extraction steam energy storage relying on conventional power sources, as well as 100-megawatt compressed air energy storage technology will realize engineering applications. Mechanical energy storage technologies such as megawatt-class flywheel energy storage will become mature and breakthroughs will be made in long duration energy storage technologies such as hydrogen energy storage and thermal (cold) energy storage. By 2030, new types of energy storage will become fully commercialized, the core technology and equipment will be China's own design and controllable, and the technological innovation and industrial level will rank the forefront in the world. The integrated development of new types of energy storage with all segments of the power system will basically meet the needs of building a new power system and fully support the goal of peaking carbon dioxide emissions in the energy sector to be achieved as planned.

Ⅲ. Typical Cases

Since the 18th National Congress of the Communist Party of China, many energy workers and enterprises have actively engaged in energy transformation to promoting the implementation of the new energy security strategy featuring "Four Reforms and One Cooperation". Through technological innovation, management innovation and model innovation, they boldly explore the construction of smart oil fields, smart refinery, smart zero-carbon parks, integrated smart energy with co-generation of electricity, heating and gas etc. , "model house" integrated smart energy, battery-swap heavy-duty trucks and integrated smart energy of source-grid-load-storage battery swapping stations, integrated smart energy for ecological agriculture featuring "photovoltaic desertification control plus", and the integrated smart energy demonstration project of whole-process full-cost regulation and optimization of heating-on-demand district heating network. A wealth of valuable experience has been accumulated and the promotion of some of these demonstration projects that have technical economy are being accelerated, providing a new model that can be popularized and replicated for China's energy transition.

It can be found from the typical cases that traditional energy industries such as electric power and petrochemical are actively promoting the intelligent transformation of terminal energy equipment and the full coverage of communication networks with the help of advanced information technology to explore organic integration with new energy. Focusing on innovating business models, they have promoted utilization rate of new energy, reduced energy consumption and cost, comprehensively enhancing the economic, environmental and social benefits of the pilot projects.

The Integrated Energy Service Project for Huawei Tuanbowa Smart Zero-Carbon Park built distributed photovoltaics, user-side energy storage, charging piles, a flexible AC-DC hybrid distribution network, and an intelligent management and control platform, which effectively reduces energy costs. The Integrated Smart

Energy Demonstration Project for Dengkou "photovoltaic desertification control plus" Ecological Agriculture, relying on a 50,000-kilowatt photovoltaic project, created the energy development model of "photovoltaic desertification control + ecological restoration". It has achieved an integrated development with the primary, secondary and tertiary industries while controlling desertification, which not only improved the ecological environment of the 1,700-mu desert of the photovoltaic station, but also increased the proportion of green power. The Research and Demonstration of Integrated Smart Energy Project of Whole-process Full-cost Regulation and Optimization of Users, Stations, Grids, and Sources of District Heating Grid Based on Heating On-demand connected all the segments of smart supply of "households, buildings, lines, stations, networks, and sources". The thermal system can be independently adjusted by users according to their needs, and is priced according to heat (energy) metering, which greatly improves the quality of energy use and reduces energy consumption for heating. Relying on coal powerplants, the Integrated Smart Energy Project of Zheneng Binhai Thermal Power expanded the steam and compressed air market, built distributed photovoltaics, and supplied energy for the regions nearby efficiently. It integrated different types of energy networks that have been in an isolated state for a long time within the enterprise, and established a smart management and control center, reducing the comprehensive energy consumption by more than 25%. The Development of "Model House" Integrated Smart Energy Project in Wangqing County built a management and control platform system featuring "integration of three networks", realizing centralized monitoring and management of equipment in different locations, as well as project data sharing and analysis, which makes management more intelligent, integrated, remote-controlled and graphical. The Integrated Smart Energy Project for Battery-Swap Heavy-duty Truck and Source-Grid-Load-Storage Battery Swapping Stations of Rizhao Port vigorously developed wind power and photovoltaic power generation and used new energy to charge the battery of battery-swap heavy-duty trucks, replacing port fuel vehicles on a large scale. The SINOPEC Jiujiang Company's "Smart Refinery" Project used advanced information technologies such as the Internet of Things (IoT), cloud computing, mobile broadband network, 3D digitization, big data, mobile platform, etc. to establish an information sharing mechanism and to unify data standards in the mode of "platform + data + service", which ensured that the data output came from the same source, and realized deeper data mining and analysis, forming a new model and a new business form of deep integration of traditional industries and information technology. PetroChina Huabei Oilfield Company's "Smart Oilfield" Project implemented digital construction and built an integrated overall technical architecture for exploration and exploitation based on cloud computing, as well as a unified shared data resource pool, innovatively applying big data, cloud computing, IoT and mobile communication technologies to the field of oil exploration and exploitation, which pushed the oilfield to improve quality and efficiency, creating a new business form and model in the oil field.

With the rapid development of modern information technologies such as 5G, artificial intelligence and big data, it is impossible for the future clean, low-carbon, safe and efficient energy system to run without support of these technologies or deep integration of modern information technology and the energy system. Therefore, it is necessary to build and transform various segments of existing energy resources such as exploration, production, processing, conversion, transportation, distribution, storage, sales and utilization with modern information technology to set up a digital smart energy system and to significantly increase the flexibility of multiple business forms and circumstances, including both the distributed and the centralized. Therefore, it is necessary to achieve a high level of synergy between traditional energy and new energy in the segment of supply and use of the entire industry chain to realize multi-energy complementarity, integrated optimization, as well as coordinated operation of power source, grid, load and storage. It will be pushed forward to continuously improve energy efficiency of the various sectors and segments of the whole society, to promote the coordinated and stable development of energy production, supply, storage and marketing system, as well as in-depth advancing of China's energy supply revolution.

Case 1

Integrated Energy Service Project for Huawei Tuanbowa Smart Zero-Carbon Park

Abstract: This project explores "carbon neutrality" solution and business model innovation for industrial parks/enterprises, and provides references for industrial parks/enterprises to improve energy efficiency, reduce energy costs and implement "carbon neutrality", which is of demonstrative significance for promoting green and low-carbon energy development. It can reduce 7,930 tonnes of carbon dioxide emissions each year and cut energy costs by 15%. The project has built 11.936 MW of distributed photovoltaics, 15 MW/30 MWh of user-side energy storage, 190,286 kWh of ice storage, 100 vehicle-to-grid (V2G) charging piles, a set of operation management and control platform, and a flexible AC/DC hybrid distribution network for the park. Multiple Artificial Intelligence (AI) algorithms such as demand response and multi-energy optimization are applied to support the trading between the park and the power market as well as the carbon market. Two-way interaction between the power dispatch center, the power market and the carbon market is expected to be achieved in the long run.

1. Project Overview

In order to fully, accurately and comprehensively implement the new development philosophy and the "dual carbon" goal proposed by President Xi Jinping, Guangdong Energy Group and Huawei Technologies Co., Ltd. jointly promoted the construction of Huawei Tuanbowa Smart Zero-Carbon Park energy project, exploring the implementation path for carbon neutrality as well as building a low-carbon and high-efficient energy system in the park to realize smart zero-carbon integrated service.

The project is located in Huawei Tuanbowa Industrial Park, Dongguan Science and Technology Industrial Park. Covering an area of 840,000 square meters, the seven factories' available roof area is 87,000 square meters and the area of basement is 29,000 square meters. The project is equipped with 11.936 MW of rooftop photovoltaic, 15 MW/30 MWh of energy storage, 190,286 kWh of ice storage, and 100 V2G charging piles, a flexible AC-DC hybrid distribution network (loads such as DC air conditioners, lighting, large screens, distributed photovoltaics and charging piles), an integrated operation management and control system for multi-energy flow and carbon assets, and a set of equipment.

2. Technical Solutions

The project uses technologies such as new energy power generation, multi-energy conversion/storage, multi-energy regulation, energy conservation, emission reduction and power electronics to link multi-energy flows in the park, realizing the integration of "power source, grid, load and storage". Renewable energy sources in the park are made full use of to improve energy efficiency and reduce carbon emissions. With the use of IoT, cloud-edge-end collaboration, AI, cloud orchestration and other technologies, the multi-system information flow in the park is inter-linked, realizing the integration of energy consumption and carbon asset management to support value added operation and the information interaction between the park and the power market, carbon market, and power dispatch. The technical architecture of the solution is shown in Figure 1.

Integrated operation and management of multiple energy and carbon assets of the park are realized, which mainly includes two parts, the business platform and the basic platform. The functional architecture of the solution is shown in Figure 2. The business platform supports operational business applications and provides one-stop application services for the smart zero-carbon park. The basic platform provides core services such as unified service, unified access, and unified operation and maintenance, as well as energy using analysis tools such as statistical analysis of

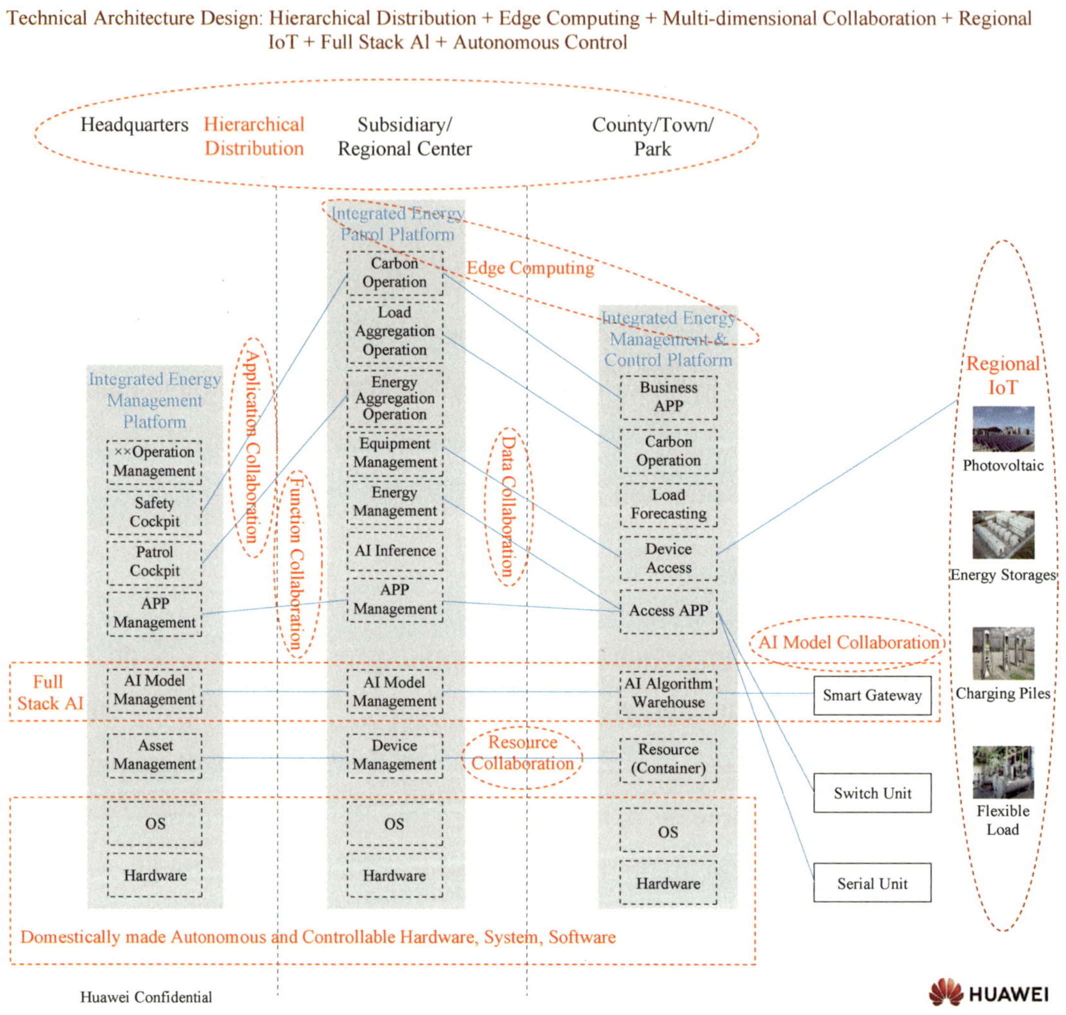

Figure 1 Schematic Diagram of the Project's Technical Architecture

energy consumption, energy consumption categorization and itemization, safe energy using management, energy using quota management, and benefit evaluation.

3. Features and Innovation

Solution It has built a cloud-edge-device collaborated multi-energy flow integrated operation and management platform for energy and carbon assets, multi-energy flow regulation and optimization AI algorithm and simulation platform, cloud-edge-device collaborative carbon Monitoring, Reporting and Verification (MRV) application services, passive optical network and timing gateway, source-

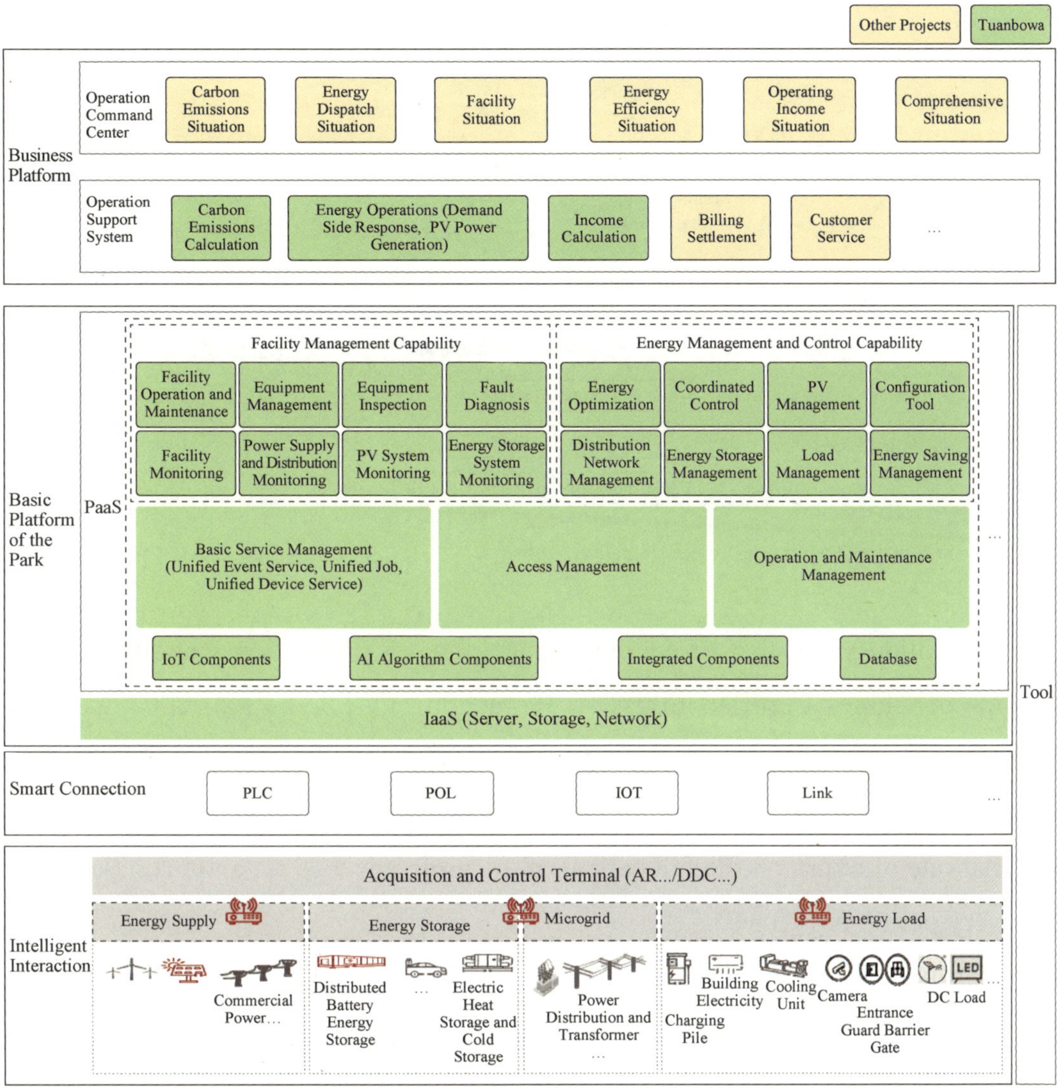

Figure 2 Schematic Diagram of Project's Functional Architecture

grid-load-storage integrated AC-DC flexible adjustable park power distribution network.

Business model The closed-loop operation model of "energy-carbon-funding" (Figure 3) can reduce the energy cost of park owners and the financing cost of investors, while improve the profitability of operators.

4. Benefit Analysis

Economic benefits The average annual income of photovoltaic power generation

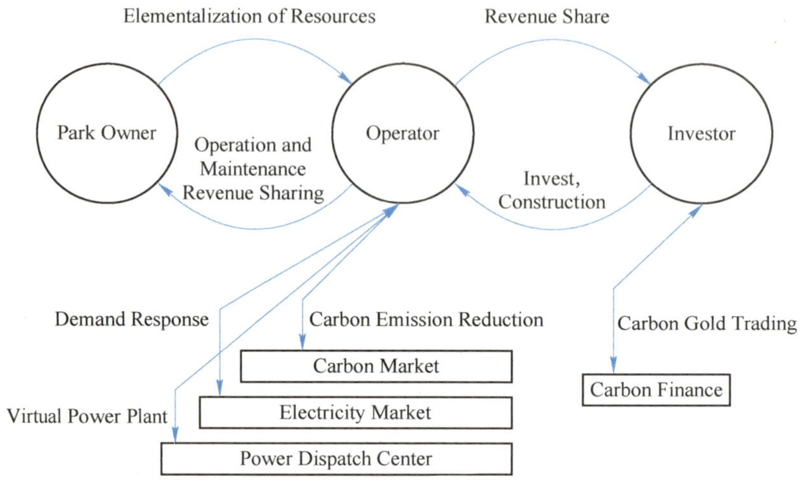

Figure 3 Schematic Diagram of Project Operation Mode

is 9.01 million yuan, that of energy storage about 7.66 million yuan, the annual income of Chines Certified Emission Reduction (CCER) is 320,000 yuan, the annual income of energy saving via optimization is 330,000 yuan, and the median forecast of annual demand-side response revenue is about 1.23 million yuan. The internal rate of return on the full capital of the project is 9.39%, and the investment recovery period is 11.1 years.

Environmental benefits The distributed photovoltaic power generation of the project adopts a unified operation and control platform for multi-energy and carbon assets to comprehensively optimize the energy using of the park, which can save 330,000 yuan in electricity costs and reduce carbon emissions by 7,930 tonnes per year.

Social benefits The project can serve as a supplementary power source for the main power grid to supply power to the local distribution network to meet the needs of regional load development; the demand response function can effectively interact with the local power grid/power market to reduce the pressure on grid regulation; the carbon management function of the project can promote the interaction between the park/enterprise and the carbon market, as well as the sound development of the carbon market.

5. Experience and Recommendation

Since the design, development, and visualization of the "zero carbon plus" new energy application system is at the exploratory stage, there are many various types with complex data, indicators and interfaces, which make them difficult to be connected. It is recommended that a guidance on zero carbon construction in parks be issued as soon as possible and that technical specifications and relevant standards in specific areas be gradually formulated. Besides, operators should pay attention to the management on transaction rules and categories released by the power market, carbon market, and power dispatch center to enhance operational profitability.

Case 2

Integrated Smart Energy Demonstration Project for Dengkou "Photovoltaic Desertification Control Plus" Ecological Agriculture

Abstract: Relying on the 50,000-kilowatt photovoltaic project in Dengkou, Inner Mongolia New Energy Co., Ltd. of State Power Investment Group built the first photovoltaic desertification control project in China. After several years of comprehensive control, the vegetation coverage rate of the 1,700-mu desert at the photovoltaic field station has been increased from 8% to 77%. Focusing on the Ulan Buhe Desert, which is the source of sand dust in Beijing, the company vigorously carried out the construction of a million-class base in the Ulan Buhe Desert in Dengkou featuring "photovoltaic + ecological management", which has obtained the 200,000-kilowatt photovoltaic desertification pioneering project quota. It has been actively exploring the new path for the coordinated development of clean and low-carbon integrated smart energy use and desert ecological management, as well as the integrated and coordinated development of the primary, secondary and tertiary industries. It has built a sustainable desertification control system featuring "new energy + desert ecological management + ecological industry", creating an innovative model for integrated development of ecological management and the industry, which deserves to be demonstrated and promoted.

1. Project Overview

Dengkou Photovoltaic Desertification Control Project of State Power Investment Group is located in the Ulan Buhe Desert to the west of Dengkou Industrial Park, Bayannaoer City, Inner Mongolia. The annual total radiation of the project location exceeds 1,750 kWh/square meter and the designed total power generation during the 25-year life cycle is 1,950.75 million kWh. With the implementation of the characteristic management of "desert ecological management + photovoltaic + agricultural planting", the vegetation coverage rate in the desertification control area can be increased from 8% to 77%, and 1,700-mu of sandy land can be managed. In the future, the research on and development of key technologies for "new energy plus" desert ecological management will be carried out to actively explore the new model of comprehensive desert management that can be promoted and replicated. (Figure 4).

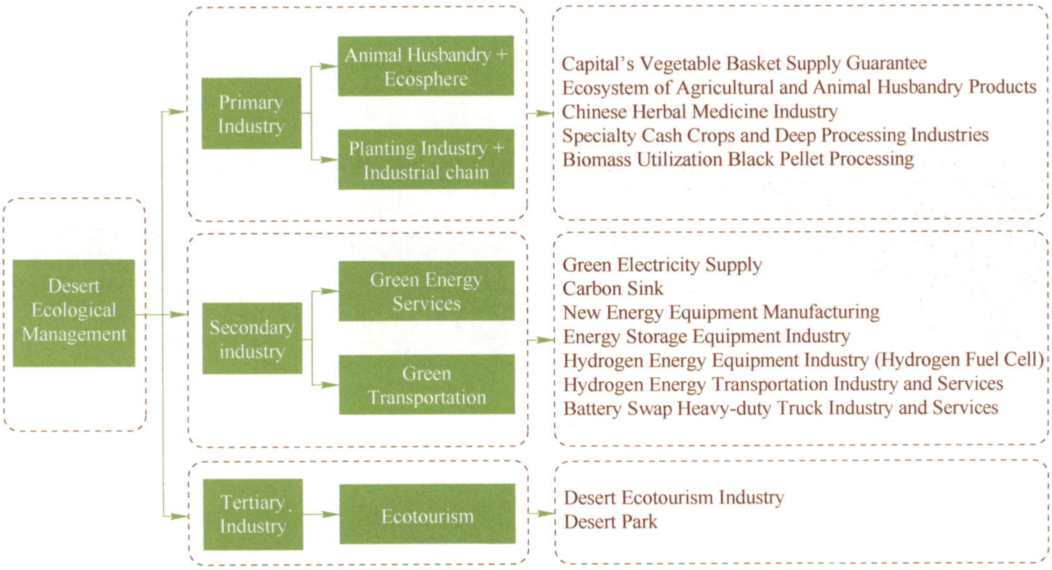

Figure 4 Construction Plan for Dengkou Desert Ecological Management Base

2. Technical Solutions

Taking "desert ecological management + ecological industry + new energy + integrated smart energy" as the implementation path, the project's coordinated development helps to promote rural revitalization. Construction of integrated smart energy field stations featuring "photovoltaic + agricultural greenhouse + smart carport + electric pickup + ground source heat pump + drone inspection" is carried out, achieving synergistic development of comprehensive utilization of clean energy and the sand industry while controlling desertification. A comprehensive implementation plan is formed, covering desert management, desert ecological resource development and clean energy industry, to realize co-development of technology, economy and ecology. Specific application circumstances and technical solutions include: (1) photovoltaic power generation to reduce evaporation and wind speed (Figure 5); (2) coordinated development of agriculture, light and animal husbandry; (3) ground source heat pump system; (4) smart carport + electric pickup; (5) intelligent inspection of photovoltaic area with UAV; (6) unattended digital field station (Figure 6).

Figure 5 Schematic Diagram of Sand-fixing Plants Cultivation

3. Features and Innovation

Technical route innovation The project adopts the technical route of "desert ecological management + ecological industry + new energy + integrated smartness". Emerging comprehensive desertification control technologies are applied to promote ecological restoration and soil improvement, and to realize comprehensive utilization of clean energy and development of sand industry. The project constructed an integrated smart energy system for new energy photovoltaic power stations, which will serve as a demonstration for developing integrated smart energy projects of the same kind.

Industrial mode innovation Development of photovoltaic desertification control is integrated with that of ecological industry and integrated smart energy.

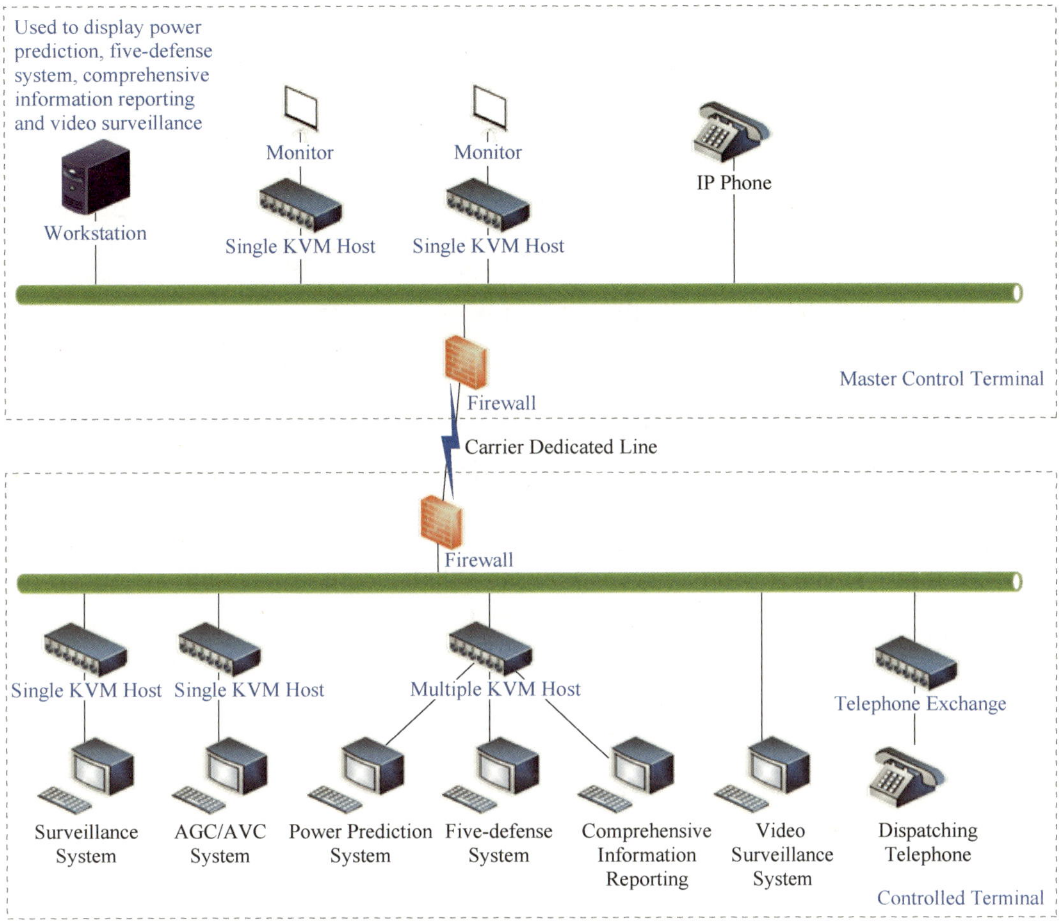

Figure 6 Unattended Digital Access Network Topology

Meanwhile, smart energy circumstances are used in a comprehensive manner to create an aggregate featuring "generating power with the panels, planting and breeding among the panels, restoring the ecology underneath the panels, energy-saving and environment-friendly, low-carbon and high-efficient characteristics" to form a new desertification control model combining of photovoltaic desertification control with ecological industry and integrated smartness.

4. Benefit Analysis

Economic benefits The project can provide 1,950.75 million kWh of clean green electricity during the 25-year life cycle, with an annual equivalent utilization hours of 1,445 hours, a power generation income of 1.639 billion yuan, an average annual profit of 177,500 yuan, and a profit of 4,437,500 yuan during the whole life.

Environmental benefits Photovoltaic green power can save about 25,370 tonnes of standard coal, reduce 93,023 tonnes of carbon emissions per year, and more than 1,700-mu of desertified land was managed raising the vegetation coverage rate in the area from 8% to 77%, which can effectively improve soil conservation capacity and improve production and living conditions in the sandy areas.

Social benefits After the project is completed, it will create a total of 5,000 jobs and increase farmers' income by 12,000 yuan/(household · year), beautifying villages and promoting common prosperity. The value of land will be brought to full play, the supply of diversified agricultural products of "grain, cash crops and feed" will be expanded, and a green and traceable new channel will be provided for the capital's vegetable basket project.

5. Experience and Recommendation

Formulation of relevant standards and management regulations for integrated smart energy should be accelerated to provide policy and work guidance for the development of integrated smart energy projects. Policy publicity and professional knowledge training should be strengthened, and technical training for integrated smart energy practitioners should be increased. Ecological management should be driven by project construction to create a win-win path for photovoltaic power generation, ecological restoration, poverty alleviation and benefiting the people. Integrated smart energy circumstances should be fully combined with the actual local conditions, in line with which advanced concepts and technologies should be comprehensively used in efforts to achieve zero carbon emissions of photovoltaic field stations.

Case 3

Research and Demonstration of Integrated Smart Energy Project of Whole-process Full-cost Regulation and Optimization of Users, Stations, Grids, and Sources of District Heating Grid Based on Heating On-demand

Abstract: Against the background of "dual carbon" goals strategy, various heating supply technologies in the central heating industry have emerged to achieve low-carbon or zero-carbon goals, such as the utilization of clean energy including wind, solar and water, heat storage across seasons, lowering return water temperature, and building insulation. All of these can better solve the problem of high energy consumption in the central heating industry and achieve low-carbon or zero-carbon heating. The heating supply technology based on users' self-regulating according to their demand is aimed to encourage users to voluntarily save energy, and to strengthen terminal adjustment, effectively improving heating supply quality and reducing heating energy consumption, which has received a lot of attention from scientific research institutions both at home and abroad.

1. Project Overview

The project explores effective ways to reduce energy consumption of boiler rooms in Beijing's heating district on the premise of improving heating supply quality. Taking as samples the two district boiler rooms of Lugu of Shijingshan Branch and Jingtie of Fengtai Branch, and their subordinate heating substations and heating area. It studies smart heating of the whole business system of district boiler rooms, which is based on users' self-regulation with collaboration of automatic balance at building entrances and coordination of boiler group control. The project created the first domestic smart heating system that is users' needs oriented and truly links the whole process of "household, building, line, station, network, and source", and completed two case demonstrations.

2. Technical Solution (Figure 7)

(1) Based on the IoT technology, the user can independently adjust the indoor temperature according to the current room temperature and their own feeling in terms of comfort.

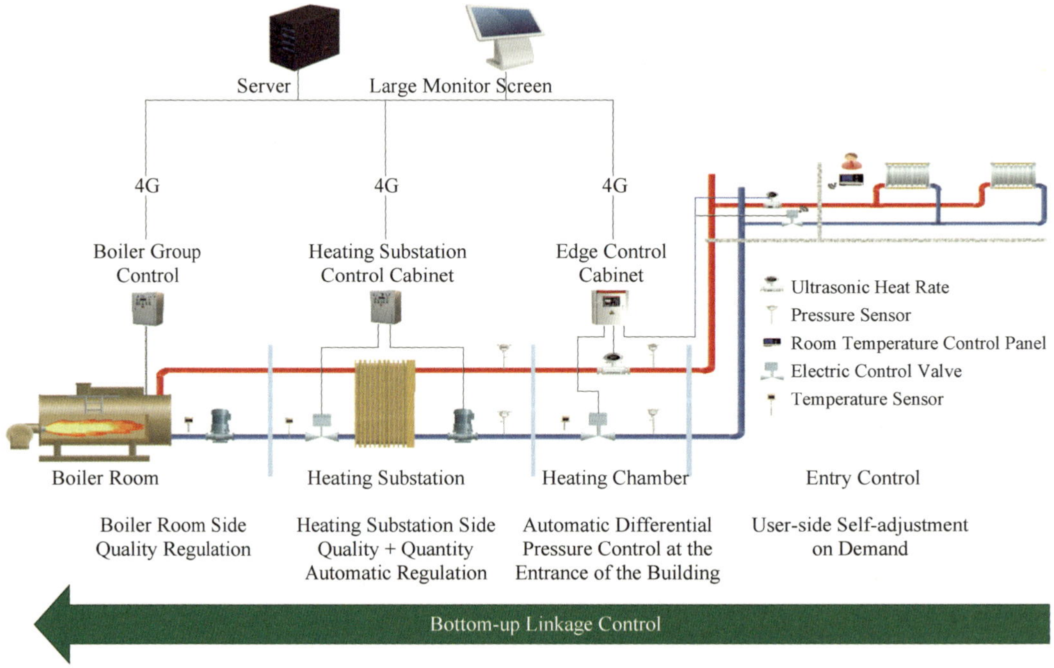

Figure 7 Schematic Diagram of Whole Process Control of "Household-Building-Substation-Source"

(2) As to the influence of the secondary imbalance caused by the user's self-regulation, the unbalanced characteristics of the secondary system can be corrected in real time with the advanced heat supply balance technology and equipment.

(3) With boiler group control algorithm and device, the optimal output algorithm of the boiler is studied and the optimal and most economical operation strategy for boilers to supply heat on demand is proposed, realizing joint control of boilers.

(4) The original Distributed Control System (DCS) is upgraded, and a district boiler room control center is set up to achieve full-process control, forming the key technology for unified control of households, buildings, lines, substations, networks and sources.

(5) An intelligent management and control platform is created, which is users' needs oriented and supplies heat from the bottom up with the whole process of "household-building-substation-source" being inter-linked to monitor and regulate various production processes and equipment operating parameters online in real time.

3. Features and Innovation

(1) The research and development of users' on-demand self-adjustment technology based on edge computing before buildings can effectively improve users' energy-saving awareness, improve the level of terminal regulation and heating quality, and reduce system operating energy consumption. A smart heating project, which is users' needs oriented, supplies heat from the bottom up, and links the whole process of "household-building-substation-source", is truly realized.

(2) Distribution of computing resources based on cloud and edge collaboration. Cloud computing controls the whole while edge computing focuses on parts so as to achieve complementarity and collaboration between cloud and edge.

(3) Based on the automatic control of the hydraulic balance of the comprehensive secondary pipe network, the hydraulic balance of the comprehensive secondary pipe network is optimized to implement various smart heating technical routes for the secondary pipe network.

4. Benefit Analysis

Economic benefits It is expected to save about 2.5 million yuan in gas costs and about 350,000 yuan in electricity costs every year. With independent intellectual property rights, the boiler group control and the diagnosis system for the two networks can be applied and promoted inside and outside the group.

Environmental benefits After the renovation of boiler rooms in Lugu, heat saving rate of the total area is estimated to be no less than 3%, and the power consumption is no less than 5%. After the renovation of boiler rooms in Jingtie, the heat saving rate of the total area is estimated to be no less than 7%, and the power consumption is no less than 10%. It is expected to save about 30,000 GJ of heat and reduce more than 2,500 tonnes of carbon dioxide emissions each year.

Social benefits With continuous improvement in terminal control technology, the control process and effect of each control loop of the secondary pipe network are stabilized, the users' energy-saving awareness and the heating quality are improved, and the energy consumption for system operation is reduced, promoting low-carbon heating in cities and towns of northern China.

5. Experience and Recommendation

Currently, China's central heating industry generally adopts the charging-by-area model, which cannot fully increase users' energy conservation awareness, nor effectively promote the effective implementation of the individual household-based heat metering policy, which, as well, is the main problem faced and needing to be solved in the process of popularization and application of this heating model. It is recommended that government should formulate the pricing principle for individual household-based heat metering and charging, establish and improve laws and regulations, subsidize heat metering retrofitting, implement individual household-based heat metering and charging and set up a unified regulatory agency.

Case 4

Integrated Smart Energy Project of Zheneng Binhai Thermal Power

Abstract: Relying on central heating business, Zhejiang Zheneng Binhai Thermal Power Co., Ltd. actively surveyed the common and individual needs of users, fully integrated various energy networks that had been in a separated state for a long time, and actively expanded diversified integrated energy supply including steam, compressed air, and distributed photovoltaics. With the building of platforms such as "Smart Heating Production Management and Operation Scheduling Platform", an energy information management system with smart energy efficiency management as the "brain" is built to achieve smart operation, management, as well as energy efficiency improvement and energy conservation and consumption reduction at regional level.

1. Project Overview

Keqiao District of Shaoxing City has implemented the printing and dyeing agglomeration and upgrading project since 2010. With government guidance and planning, advance layout of energy supply enterprises, and the agglomeration and development of energy-using enterprises, the transformation and upgrading of the printing and dyeing industry has been realized, forming a comprehensive energy supply model with Zhejiang Zheneng Shaoxing Binhai Thermal Power Co. , Ltd. (abbreviated as Zheneng Bindian) as the core in regional energy supply. Currently, the heating capacity is 2,500 tonnes/hour, the long-term design heating capacity is 3,200 tonnes/hour, the centralized supply of compressed air is 3,000 standard cubic meters per minute, and the annual compressed air production capacity is 1.026

billion standard cubic meters. The total investment is about 7.164 billion yuan.

2. Technical Solutions

According to users' needs and local resource conditions, the energy consumption structure was scientifically configured to realize the customized and integrated energy supply of multiple energy sources including heat, electricity, compressed air, and photovoltaic. With advanced technology and management, an energy supply and management system was built featuring multi-energy complementarity, cascading utilization and intelligence to realize scientific energy use, that is, "ecological cycle and cascading utilization". A smart energy management platform was built and a simulation model of the whole process of the heating system was established to create an energy network system supported by Internet technology and big data technology, realizing the deep interaction between energy supply side and energy use side with the user as the center, and promoting the transformation of traditional industrial parks into smart parks.

3. Features and Innovation

Business model A comprehensive regional energy supply and service system with organic synergy between the platform side, the energy supply side and the server side was built, which takes high-efficient and environment friendly large-scale generator sets, clean energy/renewable energy stations, and distributed energy supply points as the district energy supply center, the micro-energy network composed of electricity, heat, compressed air, etc. as the skeleton, intelligent energy-consuming facilities as the terminal, and the smart energy management system as the platform.

Solutions Building an online user service system (Palm Heat app) integrated in the WeChat official account not only improves user service experience, but also further promotes the efficiency of the internal business process of the enterprise. A whole process simulation model of the heating system being established, comprehensive soft measurement of the operation state of the heating system is made by real-time simulation, and various hypothesis analyses are conducted in the simulation system. On the heat source side, based on the interconnected heat network, the operating efficiency of the unit is improved and pollutant emissions are reduced with optimization of load distribution among multiple heat sources; on the heat network side, the equipment maintenance level is improved and the heat network loss is reduced with optimization of the operation mode; on the demand side, a dynamic balance of supply and demand is achieved with load forecasting.

4. Benefit Analysis

Economic benefits The smart heating production management and operation scheduling platform achieved a comprehensive energy saving of 1% (the network loss was reduced from 3% to 2.97%) through coordinated operation and optimized scheduling of "source-grid-load", with the annual economic benefits of about 4.41 million yuan.

Environmental benefits Compared with the emission limit in key areas after central heating starts, it can reduce particulate matter emissions by 509,291 tonnes, sulfur dioxide emissions by 42,899 tonnes, nitrogen oxide emissions by 2,814 tonnes, and carbon dioxide emissions by about 2,044,677 tonnes.

Social benefits Zheneng Bindian supplies more than 2,000 cubic meters of compressed air per minute to 38 factories, covering two-thirds of the heat users in the Binhai printing and dyeing cluster. The project gives full play to the advantages of central supply of regional core energy, as well as the advantages of high-efficient large-scale units with high parameters, high efficiency, and high environmental protection emission standards, effectively reducing the overall pollution emission level of the system and realizing circular economy development in the park. In terms of land use, taking the third batch of fifteen integrated printing and dyeing enterprises in the agglomeration area as an example, fifty-five enterprises were integrated into fifteen with the total floor area reduced by about 70%.

5. Experience and Recommendation

The biggest problem encountered in the development process of the centralized compressed air supply project is that it is difficult to obtain a pipeline routing plan in case of laying a large-scale pipeline network. At the same time, for the development of distributed photovoltaic projects, the roof resources that can be developed at present are quite limited, and the service life of the roofing is already quite long, which may impose hidden risks on later maintenance. Since the development of integrated energy services in the park is the result of multi-party cooperation between the local government, energy supply enterprises, and energy consuming enterprises, each party is indispensable. It is recommended that the bond between the three parties should be continuously strengthend through collaboration, forming a community of mutual benefit and win-win cooperation.

Case 5

Development of "Model House" Integrated Smart Energy Project in Wangqing County

Abstract: Through the integrated smart energy development in Wangqing County of Jilin Province, this project improves the energy structure of the county and forms a green development mode and lifestyle, creating a new economic growth engine and promoting rural revitalization. By 2025, Wangqing County will add 200,000 kilowatts of distributed photovoltaic installed capacity and initially forming a national-class county-wide distributed photovoltaic construction framework and development mechanism with the county's distributed photovoltaic development and utilization level reaching the forefront of the country. By 2028, Wangqing County will be built into a national model for development of distributed photovoltaic in counties, with a designed distributed photovoltaic installed capacity of 500,000 kilowatts, an annual power generation capacity of 600 million kilowatt-hours and an annual power generation income of 224 million yuan. The pilot will also actively practice "photovoltaic plus", green power substitution, "integration of three networks", energy storage, etc.

1. Project Overview

Covering an area of 9,016 square kilometers, Wangqing County has a total sunshine hours of 2,234 hours throughout the year. Based on the resource endowment and photovoltaic development foundation of the County, Jilin Jidian New Energy Co., Ltd. started the construction of the "model house" integrated smart energy project in Wangqing County to promote the large-scale development of distributed photovoltaics, optimize the energy supply structure of Wangqing County, and implement clean energy consumption task, with the focus on building a modern clean energy system to promote industrial revitalization and beautiful countryside construction.

2. Technical Solutions

The project built a set of management and control platform system with "integration of the three networks" of energy, administrative affairs, and community (Figure 8) to realize centralized monitoring and management of photovoltaics, electric boiler heating, smart street lamps, smart seats and power distribution systems distributed in different locations. The system integrates with such office systems as government affairs and community, and stores such information as the data and alarms concerning energy, government affairs and community information services in the park's database server so that it has functions of query, display, printing and management, etc. The video signal of the energy area can also be connected to the management and control platform system for monitoring.

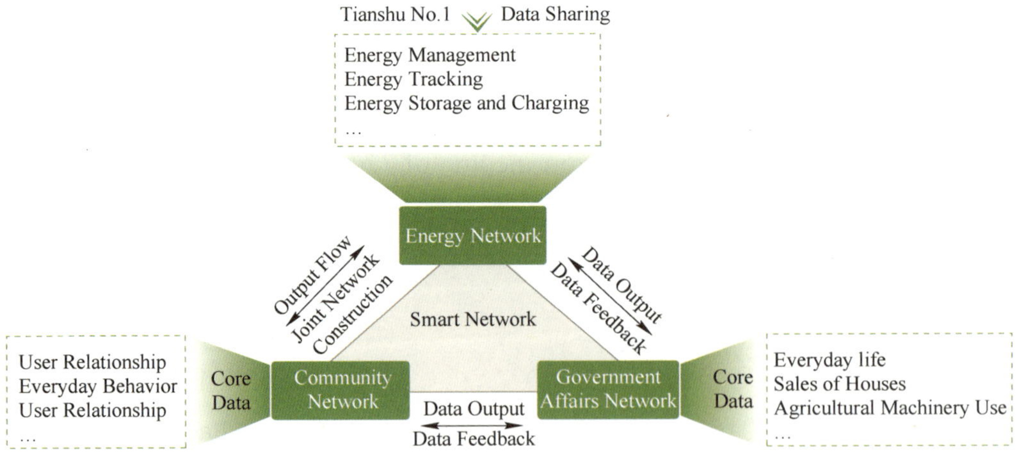

Figure 8　Management and Control Platform System with "Integration of Three Networks"

The platform system adopts the "Tianshu No. 1" platform, which was independently developed by SPIC, to display relevant data and information of townships. The Tianshu system is used to realize centralized monitoring and management of photovoltaics, smart street lamps, smart seats, power distribution systems, etc. distributed in different locations. Besides, by sharing and analyzing the data in the integrated smart energy project, the system makes management intelligent, integrated, remote and graphical, so that, with regional level performance calculation and analysis, the overall integration and dynamic management of the project can be realized, the comprehensive utilization rate of energy improved, and carbon emissions reduced.

3. Features and Innovation

Creating a new benchmark for cooperation between Chinese central state-owned enterprises and local governments. A joint venture company was set up with the People's Government of Wangqing County to coordinate the development of resources in Wangqing County and make various cooperation plans according to the nature and characteristics of production and operation of different project owners. For industrial and commercial enterprises, those roof owners are encouraged to take shares in the form of site rent, with the two parties establishing a joint venture to jointly develop roof photovoltaic projects so as to reduce project operating costs, and improve the projects' capacity to resist risks; for public buildings such as Party and government organs, schools, hospitals, the county government is relied on to lead the cooperation and to coordinate the management of leasing expenses in public production areas, participating in shares in the form of leasing expenses to simplify leasing methods and shorten the development cycle. For the residential rooftop photovoltaic projects built by villagers, planning and design consultation are provided in the project development and construction, relevant business training such as operation and maintenance are offered during the operation and maintenance stage, and technical support are provided for safe operation and on-site maintenance and inspection.

4. Benefit Analysis

Economic benefits The total investment of the "model house" project in

Wangqing County is about 2.1 billion yuan, with an annual electricity sales income of about 224 million yuan. In the mode of self-generation and self-use, discount electricity rate is offered to enterprises. At present, the projects that have been put into operation can save about 9.6 million yuan of electricity cost per year for electricity consuming enterprises.

Environmental benefits After the completion of the project, annual power generation will be about 600 million kWh, saving about 184,000 tonnes of standard coal annually, reduce about 1,382 tonnes of carbon dioxide emission, about 1,382 tonnes of sulfur dioxide, about 1,441 tonnes of nitrogen oxide, and about 241 tonnes of soot.

Social benefits The project is committed to developing clean energy and improving the energy structure. With the rapid economic development of Wangqing County, total energy consumption is growing, and the project can realize clean utilization of energy and promote the harmonious coexistence of man and nature while improving people's quality of life and happiness index.

5. Experience and Recommendation

As a new type of business forms and models, these integrated smart energy projects lack unified design, construction, operation and management standards, and there are no mature development and business models, which seriously restrains project development. It is recommended that an integrated smart energy project database be established to coordinate the resources of all parties, and sort out various data of the development and operation of comprehensive smart energy projects of each unit, which will then be uploaded to it providing references for subsequent project development and operation.

Case 6

The Integrated Smart Energy Project for Battery-Swap Heavy-duty Truck and Source-Grid-Load-Storage Battery Swapping Stations in Rizhao Port

Abstract: The State Power Investment Group and Shandong Port Group have strengthened cooperation in the field of battery-swap heavy-duty trucks, photovoltaics, wind power and integrated energy. With its leading advantages in photovoltaic wind power, battery-swap heavy-duty trucks and the huge market and application circumstances of ports in Shandong Province, the State Power Investment Group has established a cooperation mechanism. Taking advantage of the Rizhao port as a pilot base, the company integrates the business circumstances inside and outside the port to make comprehensive energy utilization planning, and creates an integrated smart energy project for "battery-swap heavy-duty trucks and source-grid-load-storage battery swapping stations", which is used as a model and exemplar to formulate a comprehensive energy design for ports in Shandong and to cultivate related emerging industries.

1. Project Overview

In Rizhao Port, Shandong Province, with the promotion focusing on green electricity transportation and battery swapping stations, new energy power stations are being built to create a zero-carbon port that integrates power source, grid, load and storage. It is planned to build 223 MW of photovoltaic power, 100 MW of wind power, 60 MW/120 MWh of energy storage, as well as about 25 heavy-duty truck battery swapping stations, which can be used for the operation of 980 to1,230 heavy-duty trucks. The project is planned to be constructed in three phases with an estimated total investment of about RMB 2.5 billion.

In November 2021, Rizhao Port No. 1 smart charging and swapping station, the first smart charging and swapping station in Shandong Port, was officially put into operation in Rizhao Port. The station adopts a 10-station design, which can achieve fully-automatic battery swapping. The entire battery swapping process for each vehicle takes about 5 minutes, which saves 1 hour compared with the traditional charging mode. With the application of the intelligent battery swapping scheduling system, the service capacity can reach more than 200 times/day, which can ensure fully the efficient operation of vehicles for short-distance shuttle at the port throughout the day. Moreover, with the data uploaded to the cloud platform through the intelligent hardware terminal, vehicle networking communication box (T-BOX), real-time vehicle positioning and tracking of driving trajectory, running time and mileage data can be received, having truly established an intelligent management and control mode, in which the "current situation can be checked, risks identified, and future risks predicted".

2. Technical Solutions

In full consideration of the energy use and resource endowment of Rizhao Port, and adopting overall planning and step-by-step implementation, the project is divided into three phases: 2021, from 2022 to 2023, and from 2024 to 2026. By 2030, Rizhao Port will be a zero-carbon port according to the overall plan.

3. Features and Innovation

Innovation in business model With an unique model of vehicle being separated with electricity (Figure 9), Rizhao Port or logistics operators only need to make a one-off payment or lease the vehicle body without batteries. The batteries can be held by Qiyuan Core Power of State Power Investment Group (full cycle guarantee) and leased to customers for use, significantly reducing customers' initial investment and providing effective solution to the problem of high priced electric heavy trucks. Physically realizing full-automatic and rapid battery replacement, it guarantees efficient and uninterrupted operation of electric heavy-duty trucks in high-frequency short-distance shuttle circumstances, improving returns and convenience.

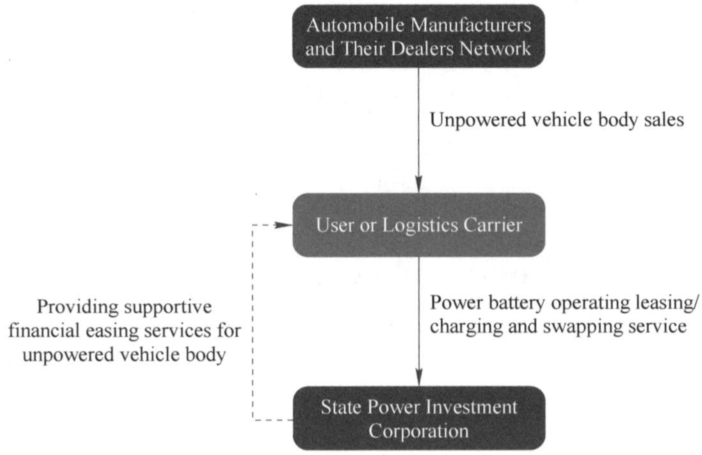

Figure 9 Business Model Diagram of Battery Swapping

4. Benefit Analysis

Economic benefits The project is to generate its own electricity with the surplus power generated to supply to the grid, which is measured by 100% and 80% consumption respectively. The total static investment during the project construction period is about RMB 2.487,4 billion, with the required payback period of the energy storage power station being 8.45 years, at an internal rate of return of 11.55%. The investment payback period and internal rate of return of distributed photovoltaics are 7.85 years and 28.05% respectively (100% consumption), or 8.45 years, 23.12% (80% consumption). The payback period and internal rate of return of decentralized wind power are 6.56 years, 52.27% (100% consumption), or 6.79 years, 47.7% (80% consumption).

Environmental benefits After the project is completed, it can provide an average of 540 million kWh of clean electricity every year, saving 226,800 tonnes of raw coal and reducing about 3,100 tonnes of sulfur dioxide emissions, about 43.24 tonnes of carbon monoxide emissions, and 385,600 tonnes of carbon dioxide emissions.

Social benefits The project may bring great demand for local labor and increase employment during the construction period. The completion of the project can provide low-cost electricity to Rizhao Port, and at the same time it will stimulate further development of the upstream and downstream of the industrial chains. The construction unit of the project will bring significant tax and fiscal revenue for the state and local governments and promote local economic development while earning investment returns.

5. Experience and Recommendation

For the successfully declared source-grid-load-storage integration projects, those relating to photovoltaic and wind power may not get approval/filed, which increases uncertainty in project implementation. It is recommended that the approval department give priority support and quota to the declared source-grid-load-storage projects. It is suggested that the government provide preferential corporate income tax and related incentives and subsidy policies for battery swapping station projects.

Case 7

SINOPEC Jiujiang Company's "Smart Refinery" Project①

Abstract: Since the 12th Five-Year Plan period, supported by Operational Data Store (ODS), SINOPEC Jiujiang Company has integrated Manufacturing Execution System (MES), Enterprise Resource Planning (ERP), Laboratory Information Management System (LIMS) and other important data, and has established a rapid evaluation system for crude oil based on nuclear magnetic technology. The company has developed a domestic model of the main device mechanism, promoted the application of Automatic Program Control (APC), and piloted Real Time Optimization (RTO), which achieved full process optimization and integrated linkage optimization of refining, shifting the production and operation mode from a traditional experience-based one to a collaborative optimization one; this has steadily boosted the enterprises' economic benefits.

1. Project Overview

SINOPEC Jiujiang Company is the earliest petrochemical enterprise in China to start the construction of smart refineries, and it is one of the companies in the first batch of nationally recognized intelligent manufacturing demonstration enterprises in the petrochemical field. Adhering to the strategy of innovation-driven and integration of industrialization and informatization, and taking "originality, high-end, leading" as the direction, "improving development quality, boosting economic benefits, providing support for security and environmental protection, and solidifying outstanding genes" as the goal, SINOPEC Jiujiang Company combines modern

①Source: SINOPEC Jiujiang Company.

information technologies with the most essential segments in petrochemical production and has explored a path suitable for flow-type petrochemical enterprises to go with digital, networked and intelligent manufacturing, which has undergone the process of forming the concept, putting into practice, becoming a demonstration and the model. Moreover, SINOPEC Jiujiang has promoted the application of intelligent technology in the five areas of "planning and scheduling, security and environmental protection, energy management, equipment operation and Information Technology (IT) control", initially forming a digital, networked and intelligent manufacturing framework (Figure 10), which has significantly improved the economic benefits and management efficiency of the enterprise.

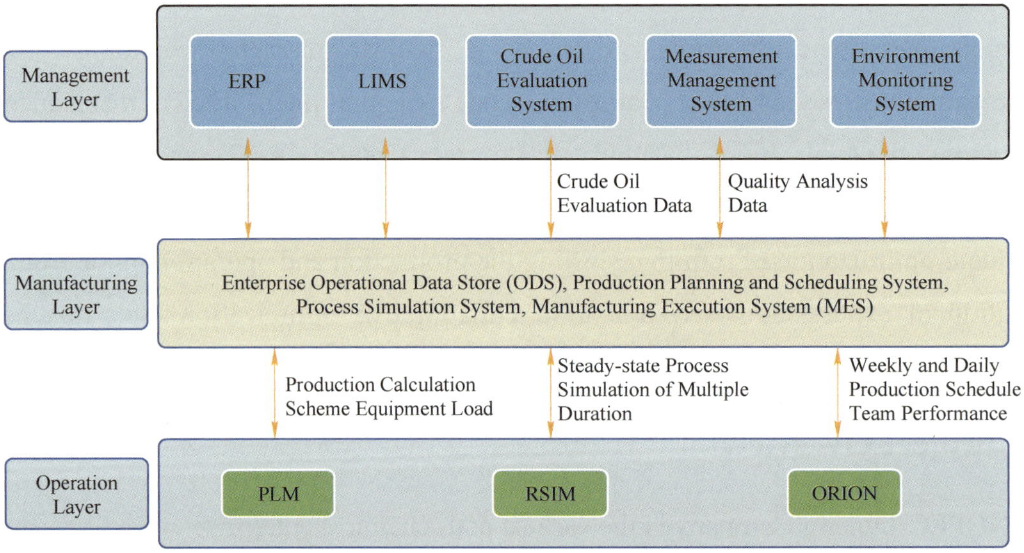

Figure 10 Information System Integration Model of SINOPEC Jiujiang Company's Intelligent Manufacturing

2. Technical Solutions

With the goal of "building a 10-million-tonne first-class green and intelligent refining and chemical enterprise", SINOPEC Jiujiang Company launched intelligent plant construction in such fields as operating management, production runs, safety and environmental protection, equipment management, and IT infrastructure on the basis of the "three major platforms" of operating management, production runs, and information infrastructure and its operation and maintenance that have been built, by using advanced information technologies such as the IoT, cloud computing, mobile broadband network, 3D digitization, big data, and mobile platform. It has improved and upgraded the operating management platform with ERP as the core system; the production runs platform with MES as the key mechanism, and the information infrastructure and its operation and maintenance platform with modern information technology as the focus. Furthermore, the company has built a new centralized integration platform, an emergency command platform, and a digital refinery platform (Figure 11).

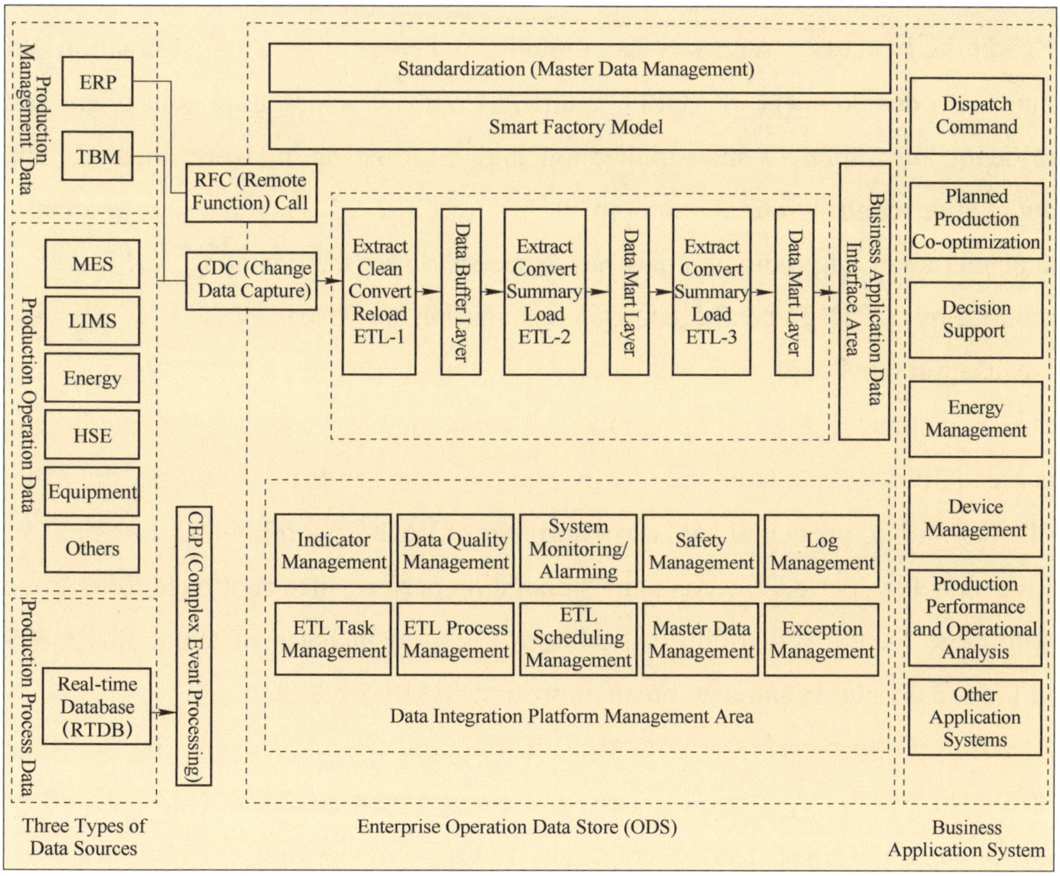

Figure 11 SINOPEC Jiujiang Company's Smart Refinery Centralized Integration Diagram

3. Model Innovation

With the construction mode of "platform + data + service", SINOPEC Jiujiang

Company co-launched with Huawei the Petroleum and Chemical Industry Internet Platform (ProMACE), Petrochemical Smart Cloud, in 2016, which covers such fields as intelligent oil and gas fields, intelligent research institutes, focusing on smart factories. Integrated with smart parks and smart cities via intelligent logistics and intelligent services, a new mode and new business form and model of deep integration of traditional industries with information technology are formed, innovating the service mode of SINOPEC Jiujiang Company's intelligent refinery (Figure 12).

4. Benefit Analysis

Economic benefits With a series of intelligent layouts, digital transformation and intelligent development, SINOPEC Jiujiang Company's structural adjustment and in-depth integration of industrialization and informatization were boosted. The automation control rate of equipment has reached 95%, while the automatic acquisition rate of production data has exceeded 95%; the operating cost has been reduced by 22.5%, and the energy consumption has been reduced by 2%; the localization rate of software and hardware has reached 95%, effectively improving the core competitiveness of the company. During the 12th Five-Year Plan period, the company processed a total of 24.85 million tonnes of crude oil with a sales revenue of 147.3 billion yuan, and paid taxes and fees of RMB 29.2 billion. During the 13th Five-Year Plan period, the company's operating performance continued to improve with more than 1,800 rolling calculation cases, an increase of about RMB 800 million in economic and a cumulative profit of RMB 5.7 billion.

Environmental benefits With the construction of smart plants, the real-time information such as pollution sources and environment quality is acquired, and an all-round, multi-level, full-coverage environment monitoring network has been built, realizing closed-loop management of the entire process of pollutant generation, treatment and discharge. In 2020, SINOPEC Jiujiang Company achieved 100% compliance rate of wastewater discharge, 100% compliance rate of controlled waste gas, and 100% proper disposal rate of hazardous waste. Among

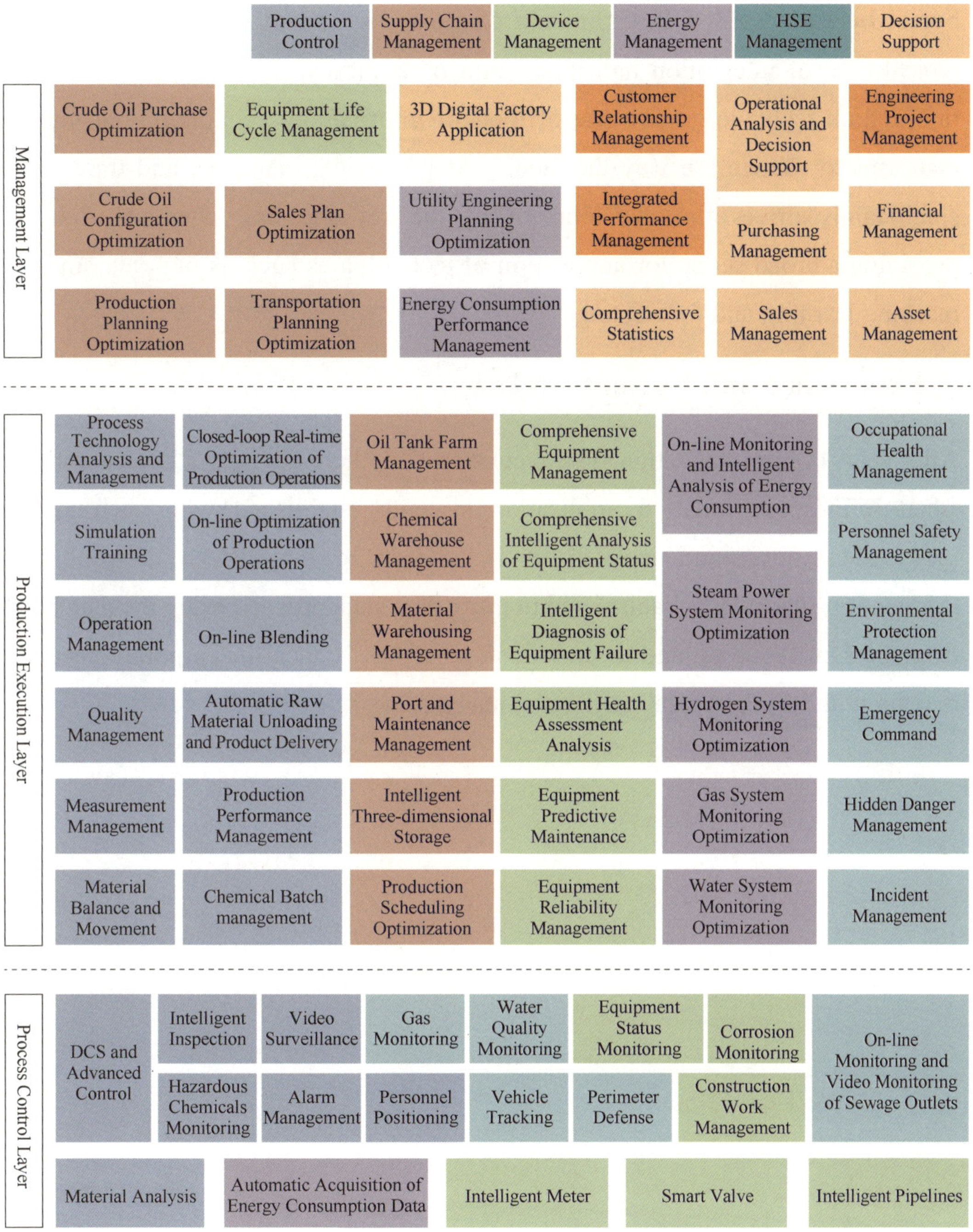

Figure 12 Service Model Diagram of SINOPEC Jiujiang Company's Smart Refinery

them, the Chemical Oxygen Demand (COD) of the sewage that met the discharge standard was controlled to be under 40 mg/L, with the discharge indicators of major pollutants reaching the top level in the industry.

Social benefits SINOPEC Jiujiang Company's "smart refinery" model is a typical case of integration and innovation of traditional refineries and advanced information technology. The use of modern information technology and internet platforms to change the way that energy is processed, managed, and transported significantly drives the development of the refining and chemical industry, providing a broad scope for application of technologies such as big data analysis, machine learning and forecasting.

5. Experience and Recommendation

After years of informatization system construction, there has been a large number of smart refinery information application systems established with each system independently run and isolated. It is advised to establish a corresponding information sharing mechanism and to unify data standards to ensure the data being from the same sources, and to provide auxiliary assistance for corporate decision-making with in-depth data mining and analysis.

Case 8

PetroChina Huabei Oilfield Company's "Smart Oilfield" Project①

Abstract: The project builds an integrated overall technical architecture for exploration and exploitation based on cloud computing, as well as a unified shared data resource pool to realize cloud-based integration and application of professional software in complex environments. A multi-dimensional management and control model for oilfield production based on "Internet Plus" technology is built to simplify production management layers and reduce labor and employment. With the application of the Internet Protocol Version 6 (IPv6) technology, a high-speed intelligent network with "integration of three networks of broadband access, TV transmission and private data network" for oilfield enterprises is built, applying mobile communication technology to remote operation monitoring, remote expert diagnosis and production command in harsh environments. The self-developed smart employee system realizes accumulation and sharing of employees' experience and practises.

1. Project Overview

Since 2010, PetroChina Huabei Oilfield Company has invested a total of RMB 294.6 million in its "smart oilfield" project, which was based on the National Development and Reform Commission's *Application Demonstration of Next-Generation Internet Technology in Smart Oilfield Construction*. Following the strategic development concept of "smart oilfield construction", the company innovatively applied big data, cloud computing, IoT and mobile communication technologies to

①Source: PetroChina Huabei Oilfield Company.

the development of improving quality and efficiency in the field of oil exploration and exploitation, making breakthroughs in 13 associated technologies. Under this project. The company also reconstructed the scientific research system, production process, management and control mode, human resources, operation and maintenance mode, mining area management and service mode of oil and gas field enterprises, creating a new business form and model of the oil industry.

2. Technical Solutions

PetroChina Huabei Oilfield Company implemented the "14511" project construction in its Smart Oilfield (Figure 13). "1" is to reconstruct the oilfield production management and control mode, which is the digital construction of oilfield production (Figure 14); "4" is to consolidate the four informatization foundations, which refer to high-speed intelligent bearing network, data resource pool, cloud computing center, and professional application software integration (Figure 15); "5" is the integration of five application systems for the five platform of smart geology, smart engineering, smart management, smart mining area (Figure 16), and smart employees (Figure 17); the two "1"s are to form a set of standards and specifications for smart oilfields to build an information security assurance system.

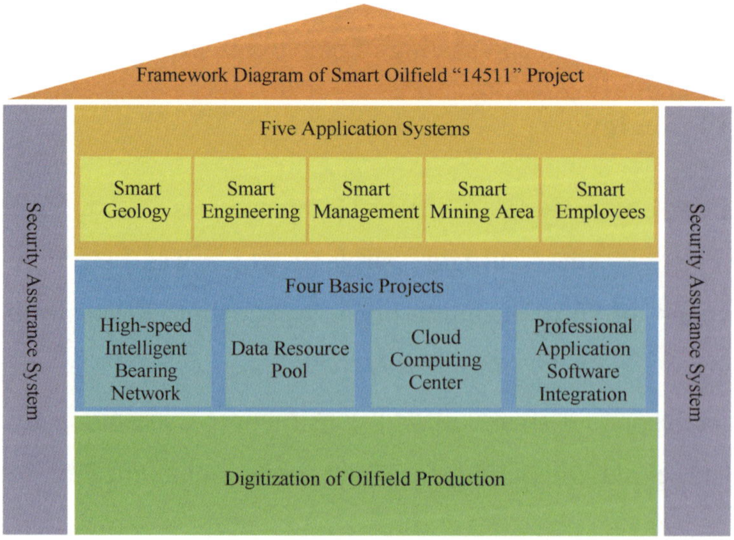

Figure 13　Framework Diagram of "14511" Project for Smart Oilfield

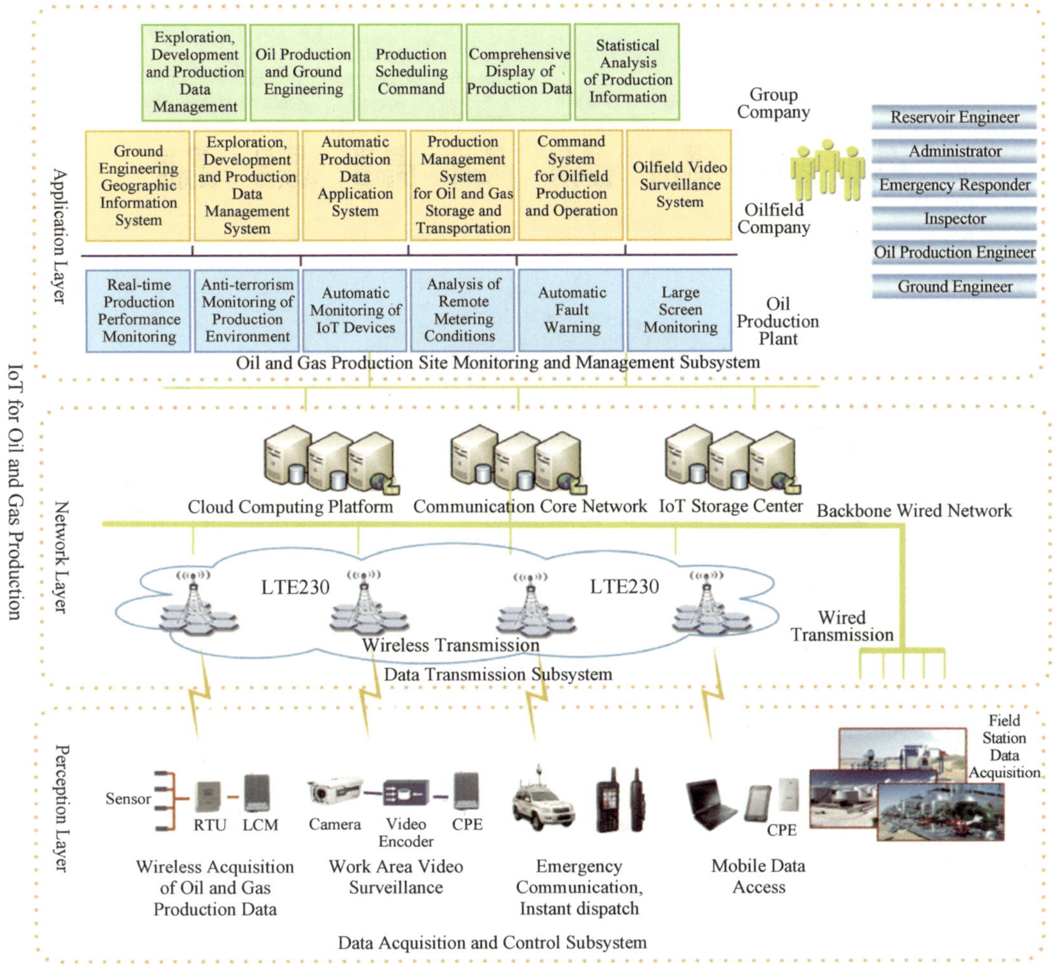

Figure 14 Digital Construction of PetroChina Huabei Oilfield Company's "Smart Oilfield"

3. Features and Innovation

Technological innovation In the construction of the Erlian alpine oilfield, ten domestically advanced process technologies have been successfully developed and applied including technologies for efficient production construction of the low-grade complex fault block, horizontal well development for thin oil reservoirs, effective development of the heavy oil reservoir, the low-pressure unpowered casing gas recovery, direct-drive motor of the screw pump, as well as high-efficient split injection, measurement and adjustment, achieving a stable output of 800,000

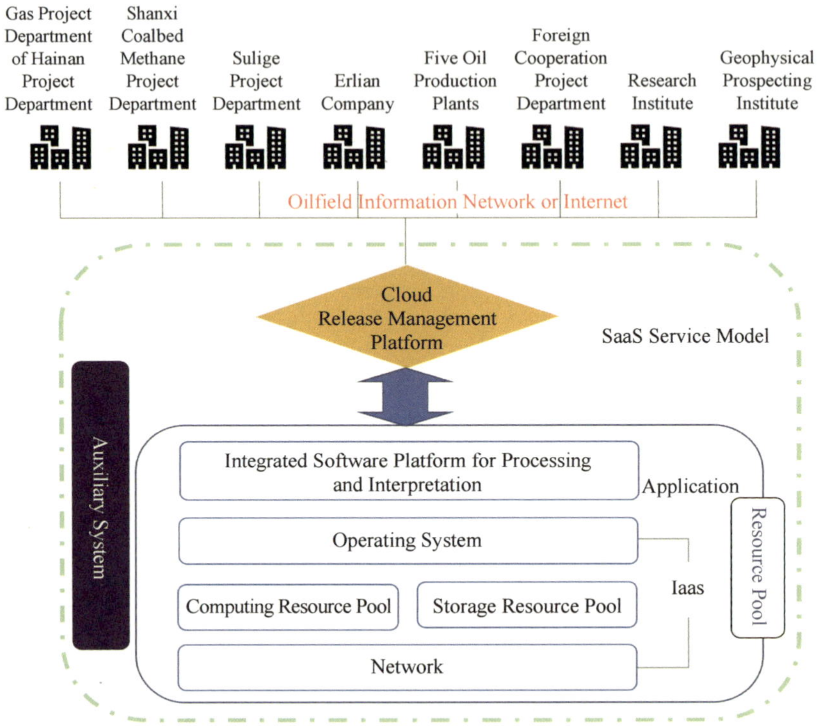

Figure 15 Architecture of PetroChina Huabei Oilfield Company's Cloud Computing Platform for Geological Research

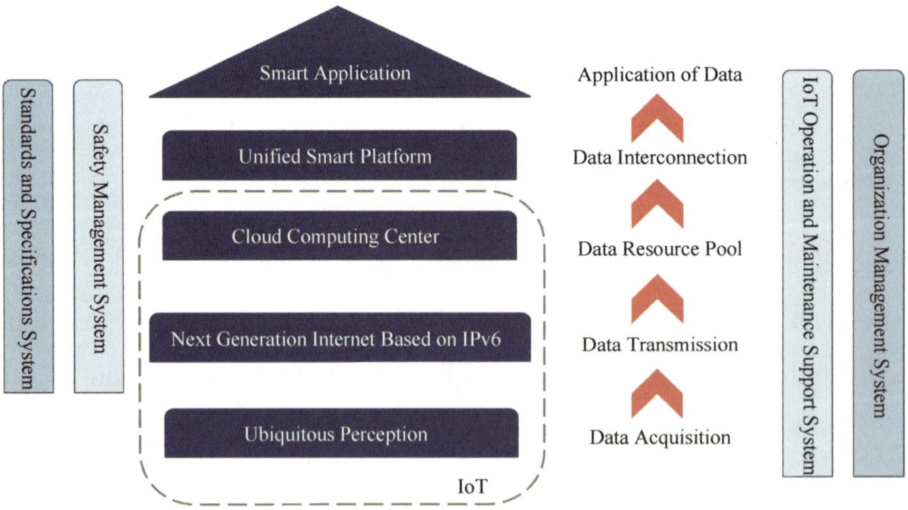

Figure 16 Overall Architecture Diagram of PetroChina Huabei Oilfield Company's Smart Mining Area

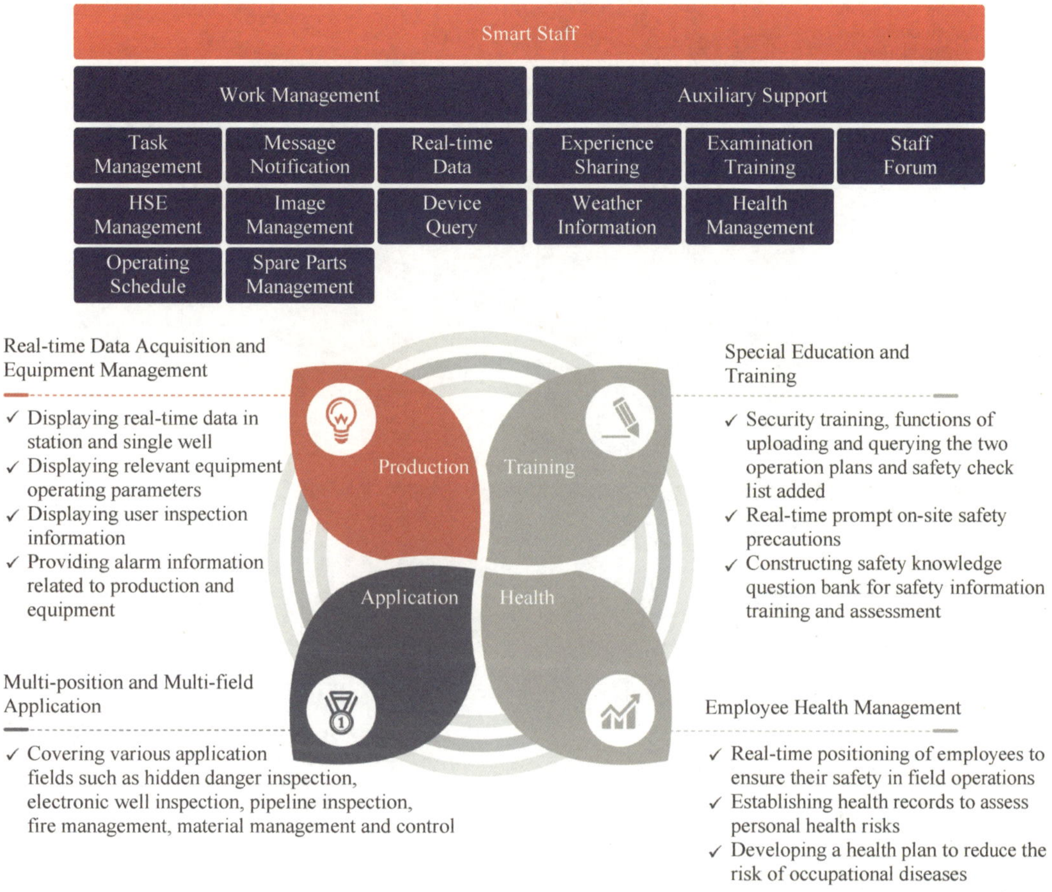

Figure 17 Schematic Diagram of Smart Employee System

tonnes of crude oil per year.

Management mode The six aspects of "production process, management layer, human resources, organization operation and maintenance, data application and cross-professional integration" (Figure 18) has been restructured, showing the features of the new post configuration, which are "one less (less on-duty posts), one professionalization (professional operation and maintenance management), two concentrations (command-oriented job concentration, operation and maintenance-oriented job concentration)", forming a centralized management and control mode with the station control center as the hub.

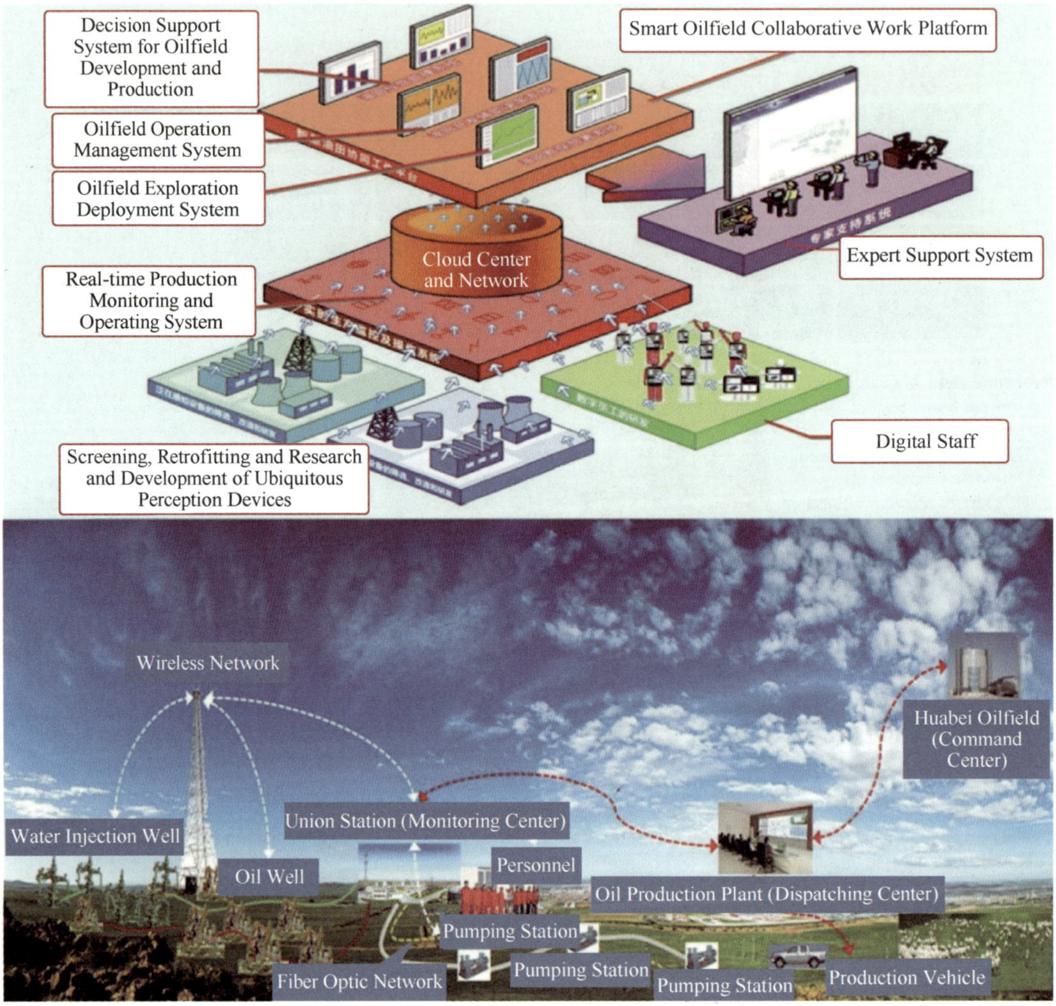

Figure 18 Schematic Diagram of Erlian Smart Oilfield

4. Benefit Analysis

Economic benefits The efficiency of the oil production system was increased by 1.5%, with the comprehensive economic benefit reaching RMB 16.85 million. The optimization of the water injection station supported the saving 368,000 kWh of electricity, reducing more than RMB 280,000 in electricity cost. More than 90 sets of equipment and facilities are used annually, reducing more than RMB 10 million in investment. At the same time, the application demonstration related to the IoT in oil and gas production jointly carried out with 5G companies is expected to be able to reduce RMB 120 million in operation and maintenance costs every year after completion.

Environmental benefits PetroChina Huabei Oilfield Company has successively organized and carried out 19 company-level big data scientific research projects, and made a number of big data analysis technical achievements such as energy consumption analysis of pumping wells, intelligent fault early warning; this has assisted in achieving an annual power reduction of 3.99 million kWh and an oil output increase of 14,000 tonnes.

Social benefit More than 20 magnificent innovation demonstration teams have been cultivated. During the 12th Five-Year Plan period, it had won 131 scientific and technological awards at the provincial and ministerial level and above, obtained 530 authorized patents, and developed 5 domestic leading technologies and 6 supporting technologies with special features. Among them, the exploration and exploitation technologies of carbonate rocks in ancient buried hills and that of stratigraphic-lithologic reservoirs were at the advanced level in China.

5. Experience and Advice

It is recommended to establish a data-centred smart development pattern, transform the process-centred approach into a data-centred development pattern, and use big data technology to carry out data mining to turn more data into valuable information. An intelligent management model should be built. Efforts should be made to innovate the management model to actively respond to the trend of rapid development of information technology. A professional intelligent talent team should be cultivated, on the one hand, with actively introduction of information professionals, and on the other hand, with strengthened education and training of employees on the application of intelligent models and digital technology.

Appendix

i. Policy Documents Related to Energy Supply Sector from 2021 to H1 2022

Serial Number	Release Authority	Release Time	Reference Number	Document Title
1	National Development and Reform Commission, National Energy Administration, forwarded by General Office of the State Council	May 30, 2022	General Office of the State Council Circular No. 39〔2022〕	*Implementation Plan for Promoting High-quality Development of New Energy in the New Era*
2	National Development and Reform Commission, National Energy Administration	May 24, 2022	NDRC Operation No. 475〔2022〕	*Notice on Further Promoting Participation of New Energy Storage in Power Market and Scheduling Operation*
3	6 ministries and commissions including the National Development and Reform Commission and the National Energy Administration	Apr. 9, 2022	NDRC Operation No. 559〔2022〕	*Benchmark Level and Baseline Level of Clean and Highly Efficient Coal Utilization in Key Sectors (2022 Edition)*
4	National Development and Reform Commission, National Energy Administration	Jan. 30, 2022	NDRC Energy No. 206〔2022〕	*Opinions on Improving Institutional Mechanisms and Policy Measures for Green and Low-Carbon Energy Transition*
5	National Development and Reform Commission, National Energy Administration	Jan. 29, 2022	NDRC Energy No. 209〔2022〕	*Implementation Plan for the Development of New Energy Storage during the 14th Five-Year Plan Period*
6	National Development and Reform Commission, National Energy Administration	Jan. 29, 2022	NDRC Energy No. 210〔2022〕	*14th Five-Year Plan for Modern Energy System*

Continued

Serial Number	Release Authority	Release Time	Reference Number	Document Title
7	National Development and Reform Commission, National Energy Administration	Jan. 18, 2022	NDRC System Reform No. 118〔2022〕	*Guideline on Accelerating the Construction of a Unified National Power Market System*
8	National Development and Reform Commission, National Energy Administration	Oct. 29, 2021	NDRC Operation No. 1519〔2021〕	*Notice on Carrying out Nationwide Coal Power Units Retrofitting and Upgrading*
9	9 ministries and commissions including the National Development and Reform Commission and the National Energy Administration	Oct. 21, 2021	NDRC Energy No. 1445〔2021〕	*14th Five-Year Plan for Renewable Energy Development*
10	5 ministries and commissions including National Development and Reform Commission, National Energy Administration	Oct. 18, 2021	NDRC Industry No. 1464〔2021〕	*Suggestions on Promoting Energy Conservation and Carbon Reduction in Key Sectors under Strict Energy Efficiency Constraints*
11	3 ministries and commissions including the National Development and Reform Commission and the National Energy Administration	Aug. 11, 2021	NDRC Energy No. 1190〔2021〕	*Work Plan for the Construction of Biomass Power Generation Project 2021*
12	4 ministries and commissions including the National Development and Reform Commission and the National Energy Administration	Jun. 7, 2021	NDRC Energy No. 807〔2021〕	*Implementation Plan for 5G Applications in Energy Sector*
13	National Development and Reform Commission, National Energy Administration	May 31, 2021	NDRC Operation No. 445〔2021〕	*Notice on Investment in and Construction of New Energy Auxiliary Transmission Works*
14	National Development and Reform Commission, National Energy Administration	May 21, 2021	NDRC Energy No. 704〔2021〕	*Notice on Matters Concerning Renewable Energy Power Consumption Responsibility in 2021*
15	National Development and Reform Commission, National Energy Administration	Feb. 25, 2021	NDRC Energy Regulation No. 280〔2021〕	*Guideline for Promoting Integration of Power Sources, Grid, Load and Storage and Multi-energy Complementary Development*
16	National Development and Reform Commission, National Energy Administration	Mar. 23, 2022	Planning Document	*Medium and Long-term Plan for the Development of Hydrogen Energy Industry (2021–2035)*

Continued

Serial Number	Release Authority	Release Time	Reference Number	Document Title
⑰	National Energy Administration, Ministry of Science and Technology	Nov. 29, 2021	NEA Science and Technology No. 58〔2021〕	*14th Five-Year Plan for Scientific and Technological Innovation in Energy Sector*
⑱	Ministry of Industry and Information Technology	Nov. 15, 2021	MIIT Regulation No. 178〔2021〕	*14th Five-Year Plan for Green Development in Industrial Sectors*

ii . Compilation of Key Points of the Policy Documents

1. *Implementation Plan for Promoting High-quality Development of New Energy in the New Era*

Main Objective	· To set the goals in terms of total installed capacity of wind power and solar power by 2030 in China, and to accelerate building a clean, low-carbon, safe and highly efficient energy system.
Key Points	· Proposing 21 specific policy measures in 7 aspects to address the difficulties and blocking points in new energy development; · Adhering to the principle of "establishing the new before abolishing the old while prioritizing establishing", and focusing on solving the problem of "establishing" in the new energy sector through a package of policy supported measures.
Key Measures	· Innovating new energy exploitation and utilization model; · Accelerating the construction of a new electricity system adapting to increasingly high proportion of new energy; · Furthering the reform of "streamlining administration and delegating power, strengthening regulation, and improving service" in the energy sector; · Supporting and guiding the healthy development of the industry; · Securing reasonable space for its development; · Fully engaging in ecological and environmental protection benefits; · Improving related fiscal and financial policies.

2. *Notice on Further Promoting Participation of New Energy Storage in the Power Market and Scheduling Operation*

Main Objective	· To further clarify the market position of new energy storage, to establish and improve relevant market, price and operation mechanism, and to improve the utilization level of new energy storage, guiding the healthy development of the industry.
Key Points	· Establishing and improving the market mechanism adapting to the participation of energy storage, encouraging new energy storage to choose independently to participate in the power market, and adhering to the market-oriented way to set prices; · Constantly improving the scheduling operation mechanism, giving full play to the advantages of energy storage technology, and improving the overall utilization level of energy storage to secure reasonable benefits of energy storage and promote the healthy development of the industry.
Key Measures	· Clarifying that new energy storage can participate in the power market as an independent energy storage; · Encouraging supporting new type energy storage construction and affiliated power sources to jointly participate in the power market; · Accelerating the pace to advance the participation of independent energy storage in the power market to cooperate with the power grid in peak shaving; · Fully leveraging the advantages of independent energy storage technology to provide auxiliary services; · Optimizing the operation mechanism of energy storage scheduling, and insisting on optimizing energy storage scheduling operation in a market-oriented way; · Further supporting the user-side energy storage development; · Establishing a grid-side energy storage price mechanism.

3. *Benchmark Level and Baseline Level of Clean and Highly Efficient Coal Utilization in Key Sectors (2022 Edition)*

Main Objective	· To advance clean and efficient utilization of coal, promote the transformation and upgrading of coal consumption, and achieve the targets of carbon dioxide peaking and carbon neutrality under the benchmark.

Key Points	· Setting the benchmark level and baseline level of clean and efficient coal utilization in key sectors.
Key Measures	· Focusing on key sectors, making solid efforts to promote the clean and highly efficient utilization of coal; · Setting reasonable benchmark and baseline to standardize high-quality development of the industry; · Offering tailored guidance by classification to promote the overall clean and efficient utilization level of coal; · Coordinating policies and standards to provide guarantee for the transformation and upgrading of clean and efficient utilization of coal.

4. *Opinions on Improving Institutional Mechanisms and Policy Measures for Green and Low-Carbon Energy Transition*

Main Objective	· To deepen the system and mechanism reform and innovation in the energy sector and accelerate the construction of a clean, low-carbon, safe and efficient energy system so as to promote high-quality energy development and comprehensive green transformation of economic and social development, providing guarantees for scientifically and orderly enhancing the goals of carbon dioxide peaking and carbon neutrality to be achieved as planned, as well as building a modern economic system.
Key Points	· Proposing the overall requirements, key tasks, policy measures for improving the system and mechanism of green and low-carbon transformation of energy; · Proposing the system, mechanism, and policy measures for the reform of power marketization, and putting forward the new direction and focus of the power marketization reform around the construction of a new type of power system.
Key Measures	· Improving the coordinated promotion mechanism for the implementation of national energy strategies and plans; · Improving the green energy consumption guiding system and policy system; · Establishing a new green and low-carbon oriented energy development and utilization mechanism; · Improving the operation mechanism of the new power system and the mechanism of clean and highly efficient development and utilization of fossil energy;

Key Measures	· Improving the secure supply assurance system for green and low-carbon transition of energy; · Establishing a scientific and technological innovation system and a financial policy guarantee mechanism to support the green and low-carbon transition of energy; · Promoting international cooperation in green and low-carbon transition of energy; · Improving the governance mechanism related to the green and low-carbon development of energy.

5. Implementation Plan for the Development of New Energy Storage during the 14th Five-Year Plan Period

Main Objective	· To fully implement the new energy security strategy featuring Four Reforms and One Cooperation, achieve the strategic goals of carbon dioxide peaking and carbon neutrality, support the construction of a new power system, and accelerate the high-quality and large-scale development of new energy storage.
Key Points	· Deploying the key tasks for new energy storage development during the 14th Five-Year Plan period in terms of technological innovation, pilot demonstration, large-scale development, institutional mechanisms, policy guarantees, and international cooperation.
Key Measures	· Focusing on a systematical planning for energy storage technology innovation; · Strengthening demonstration and guidance to drive industrial development; · Supporting the construction of new power systems with large-scale development; · Promoting marketization with institutional mechanisms; · Striving to improve the new energy storage management system; · Enhancing international cooperation and boosting competitive advantages.

6. 14th Five-Year Plan for Modern Energy System

Main Objective	· To accelerate the construction of a modern energy system, ensure national energy security, and strive to achieve carbon peaking and carbon neutrality as planned, promoting high-quality economic and social development.

Key Points	· Pushing forward the construction of a modern energy system from the three aspects of enhancement in the security and stability of the energy supply chain, green and low-carbon transformation of energy production and consumption, and promotion of the modernization level of the energy industry chain.
Key Measures	· Strengthening strategic security guarantee, improving operation security level, and strengthening emergency security control; · Vigorously developing non-fossil energy and promoting the construction of new power systems; · Reducing the carbon footprint of the energy industry and improving the "dual controls" over energy intensity and gross energy consumption and carbon emission control system; · Reasonably allocating energy resources; · Making an overall plan to improve regional energy development level and actively promote rural energy reform; · Promoting the modernization level of the energy industry chain; · Boosting energy governance effectiveness; · Building a new pattern of open and mutually beneficial international cooperation in energy sector.

7. Guideline on Accelerating the Construction of a Unified National Power Market System

Main Objective	· To accelerate building a unified national power market system, making the power resources shared and mutually supported in a larger range and their allocation optimized, and improve the stability and flexible regulation capability of the power system so as to promote the formation of a new power system with greater new energy consumption capabilities in line with Chinese context.
Key Points	· Optimizing the overall plan for the power market, improving the unified multi-level power market system, unifying trading rules and technical standards, and breaking down market barriers to promote the construction of a power market mechanism adapting to the energy structure transformation.

Key Measures	· Building a national power market to guide the synergistic operation of power markets at all levels; · Unifying trading rules and technical standards to improve the trading mechanism of the power market; · Promoting adaptability of the market to new energy and pushing forward full participation of new energy in the market; · Improving the market-oriented adjustment mechanism of medium and long-term contracts to shorten the transaction cycle and increase transaction frequency.

8. Notice on Carrying out Nationwide Coal Power Units Retrofitting and Upgrading

Main Objective	· To advance structural optimization and upgrading of the energy industrial, and further improve the cleanness, efficiency and flexibility of coal-fired power units so as to promote the clean and low-carbon transformation of the power industry, helping the carbon peaking and carbon neutrality goals to be achieved nationwide as planned.
Key Points	· Clarifying the guiding ideology, basic principles and main targets for the retrofits and upgrades of coal-fired power units, and putting forward the implementation paths from the perspective of retrofits in energy conservation, efficiency improvement, heat supply, and flexibility, elimination and shutdown of small low-parameter thermal powerplants, standardization of the operation of captive powerplants, optimization of units operation management, and strict access for newly constructed units etc.
Key Measures	· Pushing forward the upgrading of coal-fired power units in terms of energy conservation and efficiency improvement and their clean utilization; · Carrying out the heating transformation of coal-fired power units; · Speeding up the flexible manufacturing and retrofitting of coal-fired power units; · Eliminating and shutting down small low-parameter thermal powerplants; · Standardizing the operation of captive coal-fired powerplants; · Optimizing the operation management of coal-fired power units; · Setting strict energy conservation and consumption reduction standards for newly added coal-fired power units; · Increasing policy support for transformation of units in energy conversation and consumption reduction.

9. 14th Five-Year Plan for Renewable Energy Development

Main Objective	· To fully implement the new energy security strategy featuring "Four Reforms and One Cooperation", achieve the goals of carbon dioxide peaking and carbon neutrality, and promote high-quality development of the renewable energy industry.
Key Points	· Anchoring the goals of carbon peaking and carbon neutrality by setting four key targets and deploying major tasks from the five aspects of supply, consumption, technology, system, and international cooperation.
Key Measures	· Optimizing the development mode and insisting on developing renewable energy according to actual conditions with ecology priority; · Promoting storage and consumption with a high proportion of renewable energy utilized; · Focusing on being innovation-driven, and developing renewable energy of high-quality; · Improving the system and mechanism, and developing renewable energy in a market-oriented manner; · Adhering to openness and integration, and deepening international cooperation in renewable energy.

10. Suggestions on Promoting Energy Conservation and Carbon Reduction in Key Sectors under Strict Energy Efficiency Constraints

Main Objective	· To promote energy conservation, carbon reduction and green transformation in key industrial sectors, and resolutely curb the blind development of energy-intensive, high-emissions projects countrywide so as to ensure that the goal of carbon peaking is achieved as planned; · To make the proportion of production capacity of key industries with the energy efficiency reaching the benchmark level, such as metallurgy, building materials and petrochemicals exceed 30% by 2025, through the implementation of measures in energy saving and carbon reduction.
Key Points	· Tapping the potential of technology transformation in terms of energy conservation and carbon emission reduction, strengthening system concept, rolling out comprehensive policies, and strict supervision and management, and accelerating the pace of energy saving and carbon emission reduction in key sectors to drive the green and low-carbon transformation of the entire industry.

Key Measures	· Formulating, after research, specific action plans for different industries, clarifying the main goals and key tasks of energy conservation and carbon emission reduction; · Determining the energy efficiency benchmark level of various industries with a comparison with the advanced energy efficiency level of domestic and international production enterprises based on the principle of "using high standards instead of low standards"; · Reducing production capacities according to the principle of "reduction and replacement" for industries with saturated production capacity; · Clarifying the promotion steps, retrofit deadline, technical path, working nodes, and projected goals in accordance with the requirements of "overall promotion and enterprise-tailored policy"; · Improving the green and intelligent level of technology and equipment in key industries; · Strengthening the construction of support systems; · Strengthening the green and high-quality development of data centers.

11. *Work Plan for the Construction of Biomass Power Generation Project 2021*

Main Objective	· To promote the healthy development of renewable energy industries such as biomass power generation; to help rural revitalization, accelerate the agricultural and rural modernization, and establish and improve a green, low-carbon and circular economic development system.
Key Points	· In accordance with the general guideline of "the subsidies determined by incomes and undertaken by both central and local governments, categorized management, and stable development", promoting the steady and healthy development of the biomass power generation industry, centering around the two main tasks of "subsidy fund declaration in 2021" and "biomass power generation project construction", and highlighting "categorized management".
Key Measures	· Managing the subsidized projects by category, with the subsidy funding being divided into two categories, non-competitive allocation and competitive allocation, with each being managed separately;

Key Measures	· Managing the undertaken shares of the central and local governments by category, and scientifically and rationally setting the central-local undertaken ratio according to different economic and social development levels and biomass resource endowments of the provinces (autonomous regions and municipalities); · Managing competitive allocation by category, with subsidy funds divided and allocated separately according to the two categories of agricultural and forestry biomass and biogas generation, and waste incineration power generation.

12. *Implementation Plan for 5G Applications in Energy Sector*

Main Objective	· To implement the relevant plans and meet the requirements of the Central Committee of the Communist Party of China and the State Council on accelerating the promotion of 5G applications, expand 5G application circumstances in the energy sector and explore replicable new models and new business forms of 5G applications that can be easily promoted so as to support the high-quality development of the energy industry.
Key Points	· Expanding a number of typical 5G application circumstances of the smart powerplant, smart grid, smart coal mine, smart oil and gas, comprehensive energy, intelligent manufacturing and construction, and exploring the building of a number of replicable, easy-to-promote competitive business models in the following 3 to 5 years.
Key Measures	· Conducting researches on 5G networking and access schemes specific for intelligent powerplants, and achieving 5G wireless network coverage in powerplants; · Speeding up the researching and manufacturing of industry-tailored equipment such as 5G communication terminals and module prototypes, and studying the operating system standards for 5G IoT devices in the power industry; · Creating an internet architecture of "cloud-edge-device" for the mining industry; · Creating a flattening mode in oil and gas production and IoT in refinery production, and building a number of typical 5G application circumstances in the fields of intelligent exploration, smart oil and natural gas fields, smart refineries, and intelligent pipeline transportation; · Realizing flexible access to various energy sources including electricity, natural gas, cooling and heat, and building an interactive regulation system of "source-grid-load-storage", based on 5G network; · Accelerating the research and development of 5G technologies specific for the energy sector; · Enhancing the construction of relevant infrastructures and security guarantee capacity.

13. *Notice on Investment in and Construction of New Energy Auxiliary Transmission Works*

Main Objective	· To promote China's energy transition, meet the rapidly growing demand for new energy, and avoid power transmission works for wind power, photovoltaic power from becoming a restraint for the development of new energy.
Key Points	· Attaching great importance to the construction of auxiliary transmission works for new energy and taking practical actions to solve the contradiction between grid-connection and consumption as soon as possible to meet the rapidly growing demand for grid-connection and consumption; · Prioritizing power grid enterprises to undertake the construction of auxiliary transmission works for new energy to meet the demand for new energy's connecting to the grid and ensure that the transmission works match the progress of power supply construction.
Key Measures	· Attaching great importance to the impact of auxiliary power transmission works on the grid-connecting of new energy; · Strengthening the overall planning and coordination of the power grid and power supply; · Allowing the auxiliary transmission works for new energy to be constructed by power generation enterprises; · Doing a good job in the repurchase of the auxiliary power transmission works; · Ensuring safe grid connection and consumption of new energy.

14. *Notice on Matters Concerning Renewable Energy Power Consumption Responsibility in 2021*

Main Objective	· To implement the task of carbon peaking and carbon neutrality and to achieve the goal of increasing the proportion of non-fossil energy in primary energy consumption to about 20% by 2025.
Key Points	· Proposed close cooperation of each power grid enterprise with the provincial energy authorities to coordinate on the scheduling, operating and trading departments according to its consumption responsibility to achieve good results in works related to grid-connection and consumption, cross-provincial and cross-regional transmission and market transactions of renewable energy power;

Key Points	· Released the renewable energy power consumption responsibility for each province (autonomous region and municipality) in the year 2021 and the expected target of each province (autonomous region and municipality) in the year 2022.
Key Measures	· From the year 2021 onwards, the weight of the current year will be a binding indicator, according to which each province should conduct assessment, and the weight of the next year will be an anticipated indicator, according to which each province will carry out project reserves; · For the provinces that fail to accomplish the consumption responsibility weight in the current year, the unaccomplished weight can be accumulated to be accomplished in the following year; · Provinces can negotiate with each other to adopt flexible and effective methods and jointly complete the consumption responsibility weight according to their own economic development needs, resource endowments and consumption capacity; · For the provinces that have over-fulfilled their incentive weight, incentives will be granted in accordance with the relevant national policies in the energy assessment of the total amount and intensity of carbon emissions; · All power grid companies must take responsibilities to organize and do a good job in grid-connection and consumption, cross-provincial and cross-regional transmission, and market transactions of renewable energy.

15. *Guideline for Promoting the Integration of Power Sources, Grid, Load and Storage and Multi-Energy Complementary Development*

Main Objective	· To focus on building a clean, low-carbon, safe and efficient energy system, improve the utilization level of clean energy and operation efficiency of the power system, implement new development philosophy, and give a full play of the role of the source-grid-load-storage integration and multi-energy complementation in safeguarding energy security.
Key Points	· Taking multiple measures of coordination to promote the in-deep integration of source, grid, load and storage and the coordinated and complementary development of multi-energy, and pointing out the direction for improving the clean and low-carbon level of the power industry and the overall efficiency of the system under the premise of ensuring security.

Key Measures	· Optimizing and integrating local power-side, grid-side, and load-side resources, and exploring the development path for building a new type of power system of highly integrated source, grid, load and storage with the support of advanced technology breakthroughs and institutional and mechanism innovations; · Giving full play to the adjustment capacity on the load side, and further strengthening the multi-directional interaction of source, grid, load and storage based on technologies including "Cloud Computing, Big Data, IoT, Mobile Internet, Artificial Intelligence, and Block Chain"; · Achieving local, flexible and strong development, increasing local support for power supply, and mobilizing load response capabilities; · Enhancing the flexible adjustment function on the power supply side, and optimizing the scale and ratio of various power supplies; · Promoting the integration of source, grid, load and storage, and improving guarantee capability and utilization efficiency; · Promoting multi-energy complementation and improving the level of renewable energy consumption.

16. *Medium and Long-term Plan for the Development of Hydrogen Energy Industry (2021–2035)*

Main Objective	· To promote the standardized, orderly and high-quality development of the hydrogen energy industry, and accelerate the construction of a clean, low-carbon, safe and efficient energy system to achieve the goals of carbon dioxide peaking and carbon neutrality.
Key Points	· Clarifying the energy attributes of hydrogen, putting forward the basic principles for the development of the hydrogen energy industry and the goals for each stage of the development, and deploying 4 important measures to promote the high-quality development of the industry.
Key Measures	· Systematically building an innovative system for the hydrogen energy industry, focusing on key sectors and key links, striving to build an industrial innovation support platform, and continuously improving core technical capabilities; · Overall planning of the construction of hydrogen energy infrastructure, arranging hydrogen production facilities in view of actual conditions, and steadily building a storage and transportation system and hydrogen refueling network;

Key Measures	· Promoting the well-organized and diversified application of hydrogen energy, and exploring for the path of commercialization development; · Establishing and improving policy and institutional guarantee systems of hydrogen energy, perfecting the hydrogen energy industry standards, and strengthening the safety supervision of the whole chain.

17. 14th Five-Year Plan for Scientific and Technological Innovation in Energy Sector

Main Objective	· To accelerate energy technology innovation to support and lead the high-quality development of the energy industry, and turn energy technology and its related industries into new growth drivers for the related industrial optimization and upgrading in China.
Key Points	· Setting the tasks related to concentrated research, demonstration experiments, and application promotion with the following five major aspects including advanced renewable energy, new power system, safe and efficient nuclear energy, green and efficient fossil energy development and utilization, and digital and intelligent energy.
Key Measures	· Researching and developing in advanced power generation and comprehensive utilization technologies for more efficient, more economical and more reliable renewable energy to support the high-quality development and utilization of the renewable energy industry; · Accelerating working toward breakthroughs in strategic and forward-looking core power grid technologies; · Strengthening strategic and forward-looking technological innovation in nuclear energy, and working toward breakthroughs in key technologies of new generation of advanced nuclear energy systems, including small modular reactors and (ultra) high temperature gas-cooled reactors; · Enhancing oil and gas security capabilities, and working toward breakthroughs in key technologies related to the exploration, development, transportation, and refinery of both conventional and unconventional oil and gas; · Carrying out research on general key technologies of digitalization and intelligence but specific for the energy sector.

18. *14th Five-Year Plan for Green Development in Industrial Sectors*

Main Objective	· To speed up the optimization and upgrades of industrial structure, vigorously promote industrial energy conservation and carbon reduction, actively promote the transformation towards cleaner production, and improve the supply capacity of green and low-carbon technologies, green products and services.
Key Points	· Setting major tasks in the following 9 aspects: focusing on 1 action, building 2 major systems, promoting 6 transformations, and implementing 8 major projects.
Key Measures	· Implementing carbon peaking action in the industrial sector; · Promoting the high-end transformation of the industrial structure; · Accelerating the low-carbon transformation of energy consumption; · Promoting the circular transformation of resource utilization; · Promoting the clean transformation of production processes; · Guiding the green transformation of product supply; · Accelerating the digital transformation of production methods; · Building a green and low-carbon technology system; · Improving the green manufacturing support system.

Conclusion

Energy is the foundation and driving force for economic and social development. It is of vital importance to the prosperity and development of the country, people's living and working conditions in peaceful and harmonious environment, as well as to the sustainability and stability of the society. **President Xi Jinping emphasized that we must balance development and security, enhance opportunity awareness and risk awareness, and establish bottom-line thinking. To reduce emission does not mean curbing productivity or no emissions at all. It means to take a green and low-carbon development path that priotorizes ecology, and promotion of green transformation in the economic development; in this way, the greater development in green transformation is achieved.**

In view of the new development stage, to completely, accurately and comprehensively implement the new development philosophy, to build a new development paradigm, and to promote high-quality development, the most basic, critical, and profound "new" change currently lies in the increased importance and the highlighted significance of security. To do something or think about solving a problem at the new stage of development needs to take into consideration not only the development, but also the security. Development and security must be balanced at a higher level and in a wider range. In the future, China will not only develop the economy of high-quality, but also ensure energy supply security, as well as achieving the goals of carbon peaking and carbon neutrality. The coordinated economic development, energy security, and pollution and carbon emissions reduction is the only way for China to achieve comprehensive green economic transformation and energy supply revolution; this is the inevitable choice for China to build a strong country in terms of the energy sector.

In order to further explore the path for China's energy supply revolution, *Progress Report on China's Energy Revolution: Energy Supply Revolution* (*2022*) summarizes the progress and achievements of China's energy supply revolution since 2015, and systematically sorts out a series of new practices and new directions in the in-depth promotion of the energy supply revolution going diversified, clean, low carbon and global, as well as typical cases that have been tested in practice and that can be popularized and replicated in the hope of providing valuable reference for further advancing China's energy revolution. It is wished that the publication of the Report will further stimulate the enthusiasm of all sectors of society to make efforts and share experience and best practices in China's high-quality energy development. Here, we would like to express our heartfelt gratitude to the relevant departments, research institutes, universities, industrial associations, enterprises, international organizations and many experts for their strong support and great help. Sincere thanks also go to Metallurgical Industry Press for their great support in the report proofreading, English translation and publication.

Special acknowledgement is also given to the following academicians for their detailed guidance and dedication to the compilation of the *Progress Report on China's Energy Revolution: Energy Supply Revolution* (*2022*):

(In the order of number of strokes in the Chinese surname character)

MA Yongsheng YU Junchong MAO Jingwen LIU He JIANG Yi

TANG Guangfu SUN Youhong SUN Lili DU Xiangwan LI Yang

ZOU Caineng SONG Yonghua WU Qiang JIN Zhijun ZHOU Xiaoxin

HAO Fang HE Kebin JIA Chengzao GAO Deli GUO Xusheng

HUANG Xiaowei KANG Hongpu HAN Yingduo XIE Heping

We would like to thank the following experts for their suggestions in the revision of the *Progress Report on China's Energy Revolution*: *Energy Supply Revolution* (*2022*) and their contributions during the drafting:

KANG Chongqing　SUN Yaowei　TANG Jinrong　YING Guangwei
LIU Jinsong　ZHU Xingshan　ZHANG Daoyong　LI Dongdong
SUI Jun　ZHENG Hongtao　GUO Shuwang　ZHU Tong　WANG Xudong
LI Renru　MENG Fanda　XU Jie　QIU Jianhang　YANG Gang